家长，请别慌

万霞 著

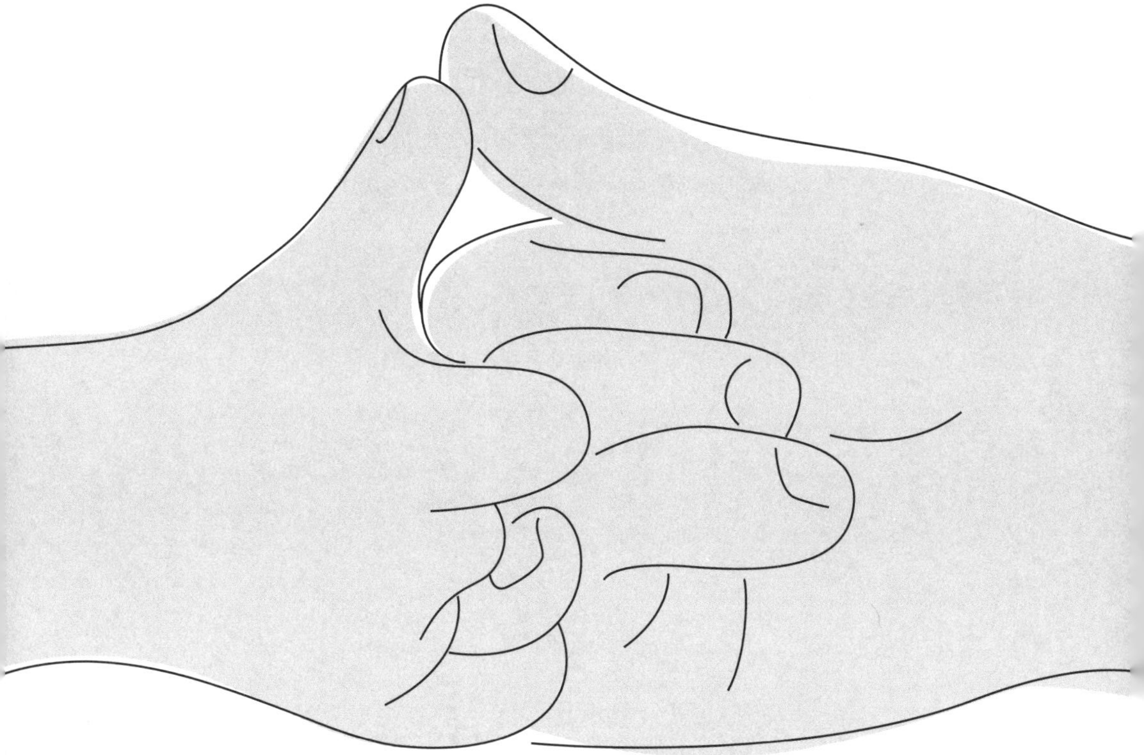

中国人民大学出版社
·北京·

目录

第二章
让孩子学会管理情绪

第三章
培养孩子的交往能力

序

刘可钦

教育不是告诉孩子怎么长大，
而是陪娃一起成长。
成长路上，
需要育人的老师，
需要“懂我”的父母，
需要理念相同的近邻。
共同牵手，向目标奔跑！
…………

2017年3月，北京市海淀区中关村第三小学“好老师进社区”公益活动正式启动。怀揣着服务社区、丰富自我的热情，我们的老师走出了校门。上面这首小诗，正是我们为这项活动创作的主题语，它体现了我们家校携手、共同呵护孩子健康成长的决心。

从那时至今，万霞老师便带着学校的老师深入周边社区，与数千位家长面对面交流，用科学的教育理念和丰富的实践经验“问诊”家庭教育，协同家长为学生学习和生活中的种种问题开出恰当的“药方”，让家庭和学校形成理念共识与教育合力，共同为学生创造更适宜的成长环境。

每个孩子都是不一样的，他们的表现自然各不相同。很多时候，家长眼中的孩子和老师眼中的孩子并不一样。孩子离开家庭进入校园后，必然面临社会化成长的问题。如何与同学做朋友、如何面对挫折、如何改掉不良习惯、如何管理情绪等，对孩子来说都是一种修炼。这就需要家长与老师深入沟通，也要求家长与孩子共同成长。

家庭教育与学校教育既有重合也有不同，需要找到方法，有效配合。万霞老师一直努力搭建两者的衔接平台，这或许就是她写这本书的初衷。

万霞老师从教 30 年来，从负责一个班的班主任工作到担任学生部主任，工作范围逐渐扩大。她不断学习、尝试、探索，如果 100 种方法不管用，她就会去寻找第 101 种方法。我曾这样表达对她的期望："你要成为学生喜欢、家长信任、老师依靠的好老师。"这些年来，她正是这样要求自己，并努力实践的。

本书中的每一个案例背后都有一个教育故事。难能可贵的是，万霞老师把这些教育故事完整地记录下来，从教师的视角出发，帮助家长发现家庭教育中存在的问题，并给出应对方法和策略，架起了连接学校教育和家庭教育的桥梁。

在孩子的成长道路上，家庭和学校永远是最好的合作伙伴，就像万霞老师在这本书中提到的那样，家庭和学校要建立积极的伙伴关系，形成教育合力，共同培养根植于深厚的中国文化土壤、具有创新精神和全球视野的一代新人。

（刘可钦，国家督学、北京市海淀区中关村第三小学原校长）

前　言

有家长开玩笑说，连几元钱的玩具都有说明书，养育孩子怎么没有“说明书”呢？

诗人纪伯伦有一首有名的散文诗《孩子》，其中有这样的诗句。

> 你们的孩子，都不是你们的孩子。
> 乃是“生命”为自己所渴望的儿女。
> 他们是凭借你们而来，却不是从你们而来，
> 他们虽和你们同在，却不属于你们。
>
> 你们可以给他们以爱，却不可给他们以思想。
> 因为他们有自己的思想。

孩子只是通过父母来到这个世界，并不是为了父母来到这个世界。每个孩子都是独特的、有思想的个体，而不是流水线上的产品，没有哪种教育方法适合所有的孩子。家长要尊重孩子的差异，因材施教。

在一定程度上，孩子就是家长的一面镜子。要想改变孩子，家长

首先要改变自己，真正成为孩子成长路上的引领者、示范者、倾听者和教练员。

家长要做孩子思想的引领者。《傅雷家书》中记载了傅雷对儿子的期许："先做人，再做艺术家……最后才做钢琴家"，他希望傅聪成为一位"德艺俱备，人格卓越的艺术家"。在父亲的引导下，傅聪长成了父亲所期待的样子。家长可以和孩子一起讨论、制定家规，营造良好家风，在思想上引领孩子。

家长要成为孩子行为的示范者。家长是孩子的第一任老师。你希望孩子成长为什么样子，你就要按照预期的样子先做起来。你希望孩子爱上阅读，你就要捧着书先读起来；你希望孩子会管理时间，你就要带着家人一起制定作息时间表，自己先行动起来；你希望孩子遵守社会公德，你就要先做一个遵守社会公共秩序的人……孩子的行为都是学来的，身教胜于言传。这就是我们常说的"喊破嗓子，不如做出样子"。

家长要做孩子忠实的倾听者。孩子在成长过程中会遇到各种各样的事情，经历或喜或悲、或惊或怒等不同情感，他需要分享、倾诉与引导。家长要放下权威，俯下身子，做一个忠实的倾听者，真正走近孩子，了解他的所思所想，引导他树立正确的世界观、人生观和价值观。

家庭是培养孩子能力和习惯的练习场，家长要成为孩子的教练员。孩子的生活能力、交往能力、学习习惯、行为习惯等需要一个养成的场域。家长要做好孩子的教练员，和孩子一起找方法、勤练习，温和而坚定地指导孩子完成力所能及的事情，帮助孩子养成良好的习惯，培养其适应未来社会的能力。

养育孩子虽然没有一些家长想要的"说明书"，但还是有一些共性可循的。本书中呈现了我在学校教育中看到的一些现象和学生常见的问题；由这些现象和问题再回到学生的家庭中去寻找原因，探讨家长可以做哪些改变，应注重培养孩子哪些能力和习惯，如何陪伴孩子成长……

希望这本书能带给你一些启示，帮助你缓解育儿路上的焦虑，让你不再慌乱与无助。

第一章

学习的背后，是能力

孩子之所以出现学习问题，往往是因为没有养成良好的学习习惯，学习能力较弱。“学习”是需要学习的，家长要帮助孩子养成良好的学习习惯，掌握科学的学习方法，提升其学习能力。

善于倾听不仅是美德，更是能力

一些孩子之所以听讲不专心，主要是因为他们缺乏倾听的能力。那么，如何培养孩子的倾听能力？

想让孩子学会倾听，家长首先要做专心倾听的人。当孩子有表达欲望时，家长要尊重孩子，可以注视孩子的眼睛，表现出专注的神情；可以用点头、拥抱等肢体动作，用赞许、惊讶等眼神，用类似这样的语言鼓励孩子说下去。

¤你的想法很有意思！接下来呢？

¤哦，原来是这样，你是怎么做到的？

¤没想到你是这样做的，你的理由是什么？

¤太有意思了，能具体说说吗？

…………

在日常生活中，家长要为孩子示范如何耐心倾听，用自己的行为影响孩子。

在培养孩子的倾听能力时，我一般分三个阶段进行。

1. 通过传话培养孩子的倾听能力

第一阶段，记住关键词，准确复述他人的语言。家长要有意识地让孩子做“传声筒”，以此来培养孩子的倾听能力。例如，妈妈想请爸爸帮忙做一件事，不直接叫爸爸，而是请孩子向爸爸转述妈妈的需求。在这一过程中，孩子既要认真倾听妈妈的需求，又要把妈妈的需求准确地转述给爸爸。这既能训练孩子倾听的习惯，也能训练孩子的表达能力。孩子完成任务后，家长应及时鼓励孩子：“爸爸听明白了，我们一起去帮妈妈，好吗？”获得认可后，孩子往往会加倍努力去做好这些事。慢慢地，孩子就会养成专心倾听的好习惯。

2. 通过阅读培养孩子的倾听能力

第二阶段，倾听或阅读故事后，简单复述故事内容，与他人积极互动。孩子不仅要能简单地复述故事内容，还要能清晰地回答别人的问题，提出有价值的问题。家长在给孩子讲故事，或与孩子一起阅读的过程中，应适时停下来与孩子互动。

¤ ×××（主人公）提出的问题，你能回答吗？

¤ 你是这么想的呀，很不错。

¤ 妈妈 / 爸爸是这样想的……

¤ 我们一起看看 ×××（主人公）是怎样回答的吧……

¤ 这段描写让你想到了什么？

¤ 你有问题想问吗？

¤ 如果你是 ×××（主人公），你会怎样做？

¤这种做法很棒，为你骄傲（跟孩子击掌）！

¤妈妈/爸爸可能会这样做……

¤你还有没有问题想问呢？

在与孩子互动时，家长要用欣赏的眼光看待孩子，耐心倾听孩子表达自己的观点。这样的互动多了，孩子慢慢就能学会认真倾听。

3. 通过总结发言培养孩子的倾听能力

第三阶段，在认真倾听、积极互动的基础上，总结别人的发言。家长可以适当设置一些小任务，鼓励孩子去完成，以培养孩子的倾听能力。例如，家庭成员轮流主持家庭会议，轮流发表观点，每个人都要认真倾听别人发言，不打断发言的人，能接纳不同的观点，最后总结已经达成共识的内容和存在争议的问题。

对大家的发言，我的理解是……我们已达成共识的是……还有……存在争议，下面就存在争议的问题继续讨论。

在这一过程中，家长要给孩子提供更多总结的机会，有意识地培养孩子倾听、总结他人发言的能力。

认真倾听体现出对他人的尊重，不仅是一种美德，更是一种能力。家长首先要做好示范，然后通过三个阶段的训练来培养孩子的倾听能力。培养倾听能力的方法还有很多，家长应结合孩子的特点找到适合孩子的方法和策略。

会提问的孩子更会学习

大多数孩子都有强烈的好奇心和求知欲，有无数个问题需要弄明白。我们不妨把家长对待孩子提问的方式归归类。

第一类：当孩子提问时，家长首先给予鼓励："这真是一个好问题，我们一起想一想怎样找到答案。你有什么想法吗？需要我提供什么帮助？"然后家长耐心地和孩子一起探究寻找答案的路径，鼓励孩子自己去寻找答案，及时认可孩子付出的努力以及探究的成果。家长如果有时间，可以陪孩子寻找答案，因为孩子在寻找答案的过程中会不断生成新的问题，于是家长就可以及时引导、鼓励孩子。孩子慢慢就会形成主动发现问题、提出问题、创造性地解决问题的意识和能力。

第二类：当孩子提问时，家长为了"节约"时间，或者为了在孩子面前树立自己的"权威"、显示自己的"博学"，直接把自己知道的答案告诉孩子。长此以往，孩子就可能会形成依赖心理；或者觉得家长"博学"，高高在上，自己永远超越不了。这样，孩子可能就会缺乏挑战权威和创新的意识。

第三类：当孩子提问时，家长可能会说："你要学会自己去找答案哦，自己想一想吧！"孩子之所以向家长提问，往往是因为遇到了不懂的问题，才向家长求助。家长本希望孩子学会独立思考，但这样的处理方式可能会事与愿违。久而久之，孩子就不会向家长提问了。

第四类：当孩子提问时，家长很烦躁：“我也不知道，怎么这么多问题！”这样粗暴地拒绝孩子，孩子以后还会向你提问吗？

一般情况下，当孩子提问时，第一类家长的处理方式是合理的。

想让孩子学会提问，就需要对孩子进行一些训练。

北京市海淀区中关村第三小学詹宇琪老师和肖蕾老师带领班组群团队共同研发了三套“提问卡牌”，它们分为基础卡牌训练、升级卡牌训练 1、升级卡牌训练 2，在实践中取得了不错的效果。

以讨论共享单车为例，具体操作如下。

1. 基础卡牌训练

¤你知道吗？（你知道什么是共享单车吗？）

¤你赞同吗？（你赞同目前共享单车的使用方式吗？）

¤你是怎么做的？（你的家人是怎样使用共享单车的？）

¤你可以给……打个分数吗？（你可以给目前共享单车的使用方式打个分数吗？）

2. 升级卡牌训练 1

¤“你知道吗”的提问方式拓展为“你了解……吗”“你听说过……吗”。

¤“你赞同吗”的提问方式拓展为“你认同……吗”“你对……有什么想法”。

¤“你是怎么做的”的提问方式拓展为“你有什么好的办法吗”“可以提出建议吗”。

¤“你可以给……打个分数吗”的提问方式拓展为“你认为……实现的可能性有多大”。

可以看出，升级卡牌训练 1 对基础卡牌训练的每种提问句式都进行了拓展。这样孩子就有了更多提问方式，以便根据具体情况灵活运用。

3. 升级卡牌训练 2

升级卡牌训练 2 加入了一些礼貌用语和肢体语言等，这样提问更容易让对方接受。

¤保持正确的体姿：眼睛平视。

¤使用礼貌用语：“请您谈一谈……”“您能不能告诉我……”。

¤表达得体：流畅、连贯、有亲和力。

¤认真倾听：不打断别人说话，提问后表示感谢。

家长可以采用以上方法对孩子进行训练，让孩子慢慢学会提问。

会表达的孩子机会更多

家长们可能遇到过这种情况：你正在做某件重要的事，孩子跑过来想跟你讲他认为很重要的事。这个时候，你一般会怎样处理？

方式一：停下手里的事情，耐心倾听孩子讲述，用语言、肢体动作鼓励孩子说下去。

方式二：跟孩子说："我现在有件重要的事要做，过 ×× 分钟再来跟我讲，好吗？"当孩子再次跑过来跟你讲时，你认真倾听孩子讲述。

方式三：跟孩子说："我现在很忙，自己去玩吧！"

当孩子主动交流的时候，家长应感到欣喜，应该用第一种或第二种方式来处理，认真倾听，不打断孩子的讲述。孩子讲完后，家长可以与孩子进行互动。

¤ 这件事太有意思了！

¤ 我发现你很幽默呢！

¤ 对这件事，你怎么看？

¤ 想听听我的观点吗？

¤ 你需要我提供什么帮助吗？

¤你的同学是怎样解决的?

…………

如果孩子有什么地方讲得不够清晰，家长不要心急，更不要责备孩子，而要鼓励孩子，帮助孩子理清思路。

¤对不起，我……地方没有听明白，能再给我讲一遍吗?

¤我试着理解一下，你刚才的意思是……

¤哦，现在我明白了，谢谢你的耐心！（抱抱孩子）

平时家长还可以有意识地对孩子进行一些训练，以提高孩子的表达能力。

1. 借助阅读提升孩子的表达能力

在陪伴孩子阅读的过程中，家长可以与孩子一起背诵一些经典语句，因为经典语句往往都是作者反复推敲过的，是语言的精华。在日常交流中，鼓励孩子适当运用经典语句，以培养孩子的表达习惯与表达能力。

2. 示范如何准确表达

在与孩子交流时，家长要做好示范，有意识地用严谨、凝练而准确的语言表达自己的观点和想法，不要敷衍和搪塞孩子。

3. 鼓励孩子做“小老师”

家长可以给孩子准备一块小黑板，鼓励孩子做“小老师”，把在学校里学习的知识、发生的故事等讲给家长听。这样既能帮助孩子巩固复习所学知识，还能训练孩子的表达能力。

4. 每天共同讨论一个话题

家庭成员每天共同讨论一个话题，话题可以来源于家人正在阅读的图书、社会热点新闻、一天的见闻等，每个家庭成员都要发表自己的观点。这对培养孩子的表达能力是十分有用的。

5. 营造安全的表达环境

孩子是否愿意表达，和表达环境是否安全有关。有的孩子每次表达自己的观点，都被家长无情地否定；有的孩子刚开口讲学校里发生的故事，家长就对孩子进行教育，致使孩子失去表达的兴致……这样的表达环境对孩子来说就不够安全。家长应认真倾听孩子，尊重并接纳孩子不同的、合理的想法。即使孩子的想法有问题，家长也要用孩子能接受的方式进行引导，为孩子营造安全的表达环境。

会表达的孩子机会更多。在日常生活中，家长应注重培养孩子的表达能力。

爱上阅读，一切就容易了

阅读能够帮助孩子认识世界，拓展思维，丰富内心……只要孩子爱上阅读，一切就容易了。

现在的家长普遍重视培养孩子的阅读习惯，但是也存在一些困惑。下面是我在一场“让孩子爱上阅读”家长工作坊活动中收集的问题。

¤孩子不爱读书，只喜欢看动画片、玩游戏，怎么办？

¤孩子不愿意自己读书，但是喜欢听家长讲书，可以吗？

¤孩子的阅读种类比较单一，他只喜欢看科普类图书，家长要不要干涉？

¤孩子不愿按照老师推荐的阅读书目去阅读，只喜欢看一些动漫类图书，怎么办？

¤孩子只读书，不喜欢做阅读笔记，怎么办？

¤孩子读书很多，为什么做阅读题和写作文时却用不上呢？

…………

结合家长遇到的问题，我将对孩子的阅读提供一些建议。

1. 营造良好的阅读氛围

阅读需要良好的氛围。如果家长喜欢看电视、看手机，想让孩子安心阅读，就很难。

有一位家长在家长工作坊活动中分享了关于他们一家人一起阅读的两个美好画面。

> 画面一：周末的清晨，阳光洒满房间，一家三口每人抱一本书靠在床头阅读，感觉时间都静止了。
>
> 画面二：晚上，孩子完成作业后，一家人每人拿一本书，随意地坐在沙发上阅读。阅读后，进行短暂交流。

另一位家长分享了他们家的做法：家里每周末都会举行一个小型阅读分享会。每个人都把自己阅读的书分享给家人，讲一讲自己喜欢的人物、被打动的故事；朗读一段生动的景物描写、人物肖像描写、心理描写等；针对书中的某个观点进行辩论；遇到合适的内容，他们还会与孩子一起表演，有时会邀请一些朋友参与，孩子非常喜欢。她还经常把孩子讲故事和阅读的过程录下来，拿回去给孩子的爷爷奶奶听。孩子受到长辈的赞扬后，就更有动力去阅读了。

国家图书馆少年儿童馆前馆长王志庚说过：家长在孩子阅读方面要做好三个角色，即家长要是一个读书人，家长要做一个朗读者，家长要做一个对话者和提问者。

2. 为孩子选择合适的书

家长要根据孩子的年龄特点、兴趣爱好及教师的建议选择适合他阅读的书籍。

孩子入学前，家长可以选择一些图文并茂的绘本，帮助孩子开启阅读之旅。

¤友情方面的，如《我有友情要出租》《图书馆狮子》等。

¤情绪管理方面的，如《生气的亚瑟》《哭出来也没关系》《不是第一名也没关系》等。

¤行为养成方面的，如《请安静！图书馆里有只金丝雀》等。

¤生命教育方面的，如《活了100万次的猫》《走进生命花园》等。

¤科学主题方面的，如《牙齿大街的新鲜事》等。

各种主题的绘本都可以选择。这不仅可以让孩子爱上阅读，还能培养孩子的交往能力、情绪控制能力等，帮助孩子入学后尽快适应校园生活。

家长不要一次买很多书，每次买一两本，孩子读完了再去买。这会让孩子更懂得珍惜。

在孩子不识字时，家长可以先给孩子讲绘本，讲一两遍后，就让孩子自己阅读，孩子会凭着记忆来识别书中的文字。这样做既有利于孩子认字，又能培养孩子独立阅读的习惯。

孩子入学后，家长可以选择一些注音读物，以降低孩子的阅读难度。一、二年级的孩子对事物充满好奇心，除了学校推荐的一些图书外，家长可以选择一些情节起伏跌宕、有些冒险和科幻成分的图书，如《海底两万里》《安徒生童话》《木偶奇遇记》等。

三、四年级的孩子，可以阅读一些文字量稍大、能引发思考的图书。除了学校推荐的一些图书外，家长可以根据孩子的情况自行选择，例如《偷影子的人》等；也可以选一些篇幅较短的名人传记给孩子读。

对低、中年级的孩子，家长最好不要限制孩子的阅读。广泛阅读之后，孩子才会有选择性地阅读。

五、六年级的孩子需要阅读一些大部头的书。既可以结合语文课本中的节选篇目选一些原著来阅读，也可以按照学校推荐书目来阅读。家长最好和孩子一起阅读，以便和孩子进行相关讨论与交流。

3. 培养孩子的阅读兴趣

很多家长希望孩子爱上阅读，可是苦于缺少培养孩子阅读兴趣的方法。不妨试试下面两种方法。

（1）从听书开始。有一位家长说，他的孩子上三年级的时候，开始听袁阔成先生的评书《三国演义》。家长的床边放着一本《三国演义》，孩子问他为什么听着评书还要看书。家长告诉孩子：评书是讲述者根据书中内容改编的，对照原著边看边听，才能有全面的了解。于是孩子把家长的书“抢走”，也要边看边听。后来，家长和孩子一起阅读了《三国演义》《西游记》《杨家将》《水浒传》《封神演义》《红楼梦》等一些大部头的书。

（2）将阅读和孩子的兴趣结合起来。我的一位同事就是依据孩子的兴趣选书的。她的孩子上三、四年级时兴趣是做蛋糕，她就带孩子买一些相关图书来阅读，让孩子边读边尝试做蛋糕。到了五、六年级，孩子的兴趣是做咖啡，家长买来有关咖啡的书与孩子一起阅读；孩子升入初中后兴趣转移到产品设计上，家长就和孩子一起阅读产品设计方面的书……将阅读和孩子的兴趣结合起来，可以让孩子感受到家长的支持，这样孩子不仅可能会爱上阅读，还可能会爱上探究。

4. 对待孩子的阅读要宽容

家长要宽容地对待孩子的阅读。孩子的每一次阅读都是积淀，厚积才能薄发，不要急于求成。每个孩子的阅读水平、阅读习惯不相同，因此不要攀比。对自认为“没有营养的书”，家长可以去了解它传递了怎样的价值观、对孩子会产生怎样的影响、孩子为什么喜欢看等，如果不会给孩子带来坏的影响，就不要过度干预。阅读广泛的孩子，往往会自主选择，并能根据自己的兴趣挑选图书。阅读的过程好像交友的过程，在孩子成长的道路上，我们很难预料孩子会遇到什么样的朋友。我们不知道哪一本书会深深地吸引孩子，成为孩子成长道路上最有影响的一次阅读经历。

5. 陪伴孩子深度阅读

如果希望孩子深度阅读，家长就应做好相关指导和示范。

我的一位同事的做法效果不错。每次和孩子一起购书，同样的书她会买两本。一到阅读时间，每人读一本。妈妈读书的时候会做批注：把自己的思考和感受记录下来，把精彩描写、好词好句等画下来。她还会把精彩的语句等抄写在一个精致的小本子上。孩子感到好奇：妈妈在画什么？在写什么？这时，妈妈会告诉她：这段景物描写，让人身临其境；这段心理描写，引发了我对主人公的同情；这段人物描写，栩栩如生……孩子看到家长如此陶醉，就学习家长做批注。家长还为孩子选购了一个小本子，让孩子记录好词好句和自己的阅读感受等。

这位妈妈的做法告诉我们，家长不用在孩子阅读前提很多很多要求，而要陪伴孩子阅读，在阅读过程中引导孩子如何深度阅读。这样，孩子就能慢慢养成深度阅读的习惯。

家长要让孩子爱上阅读，让温暖而有力量的文字照亮孩子前行的道路。

会管理时间的孩子更容易成功

很多家长感到困惑：孩子没有时间观念，总是管理不好自己的时间。那么，如何提高孩子的时间管理能力？

1. 家长要做个会管理时间的人

父母是孩子的第一任老师。如果家长会管理时间，能够把生活、工作安排得井井有条，相信孩子慢慢就能学会管理自己的时间。

2. 通过制定家庭作息时间表，让孩子学会管理时间

家长可以和孩子一起制定家庭作息时间表，从而提升孩子的时间管理能力。

家庭作息时间表，其实就是家庭生活规划。家长可以设计一个任务单，引导孩子大处着眼，小处着手，把年度大目标分解成每天的小目标。

我这一年想完成的事情	我这个月想完成的事情	我每天想完成的事情	我想和家人一起完成的事情

每个家庭成员按照任务单思考后，列出自己每天的作息时间表，在此基础上制定家庭作息时间表。

在制定家庭作息时间表时，家长和孩子可能会产生意见分歧。此时，可以尝试这样做。

家长列出五项希望孩子做的事情，如艺术兴趣、体育锻炼、巩固复习、阅读、生活管理（个人卫生、家务劳动）等，并和孩子讲清楚这样列的理由。

孩子列出五项想做的重要事情，如自由地玩、写作业、体育锻炼、艺术兴趣、阅读等，也要讲清楚这样列的理由。

孩子和家长分别从对方列出的五项中删去两项，并说明理由，然后达成共识，把剩下的六项纳入每天的作息计划中，制定出家庭作息时间表。下面是一名三年级小学生和家人共同制定的家庭作息时间表。

家庭作息时间表		
时间	**内容**	**评价**
17:30—18:00	晚餐	☆☆☆☆☆
18:00—18:20	家务劳动（依据家人的分工）	☆☆☆☆☆
18:20—19:00	学习	☆☆☆☆☆
19:00—19:40	个人兴趣（艺术 / 体育）	☆☆☆☆☆
19:40—20:10	阅读	☆☆☆☆☆
20:10—20:30	有仪式感的家庭活动 / 自主安排	☆☆☆☆☆
20:30—21:00	睡前准备（个人洗漱、整理房间）	☆☆☆☆☆
21:00	睡觉	☆☆☆☆☆

制定家庭作息时间表后，所有家庭成员都要遵守。切记，不要把家庭作息时间表只用在孩子身上，而家长想做什么就做什么。如果这样，要不了多久这个家庭作息时间表就会变成一张废纸。家庭作息时间表执行一段时间后，如果某位家庭成员想改变，可以继续用这种方式修订。这样做既可以培养孩子的规则意识，又可以帮助孩子学会管理时间。周末的家庭作息也可以用这种方式规划。

3. 设定闹钟，提高孩子做事的效率

制定家庭作息时间表后，对每一项任务的结束时间，最好设定闹钟来提醒孩子。闹钟响起之前提醒孩子认真完成相应的任务，不做其他事情；如果孩子提前完成任务，节约的时间可以储存进“时间银行”，周末孩子可以取出“时间银行”中的时间自主安排。这样可以提高孩子做事的专注度和效率。

4. 让孩子在阅读中学会科学管理时间

一些图书提供了非常好的时间管理方法，例如《番茄工作法图解：简单易行的时间管理方法》、名人传记等，可以推荐给孩子阅读，让孩子从中学会科学管理时间的方法。

管理时间是一种习惯，更是一种能力。家长在做好示范的基础上，要采取有效方法帮助孩子学会管理时间。

让复习成为一种习惯

家长要帮助孩子养成复习巩固的好习惯。新学的知识再现的次数越多，孩子越容易把短期记忆变成长期记忆。家长可以使用以下方法帮助孩子养成复习的好习惯。

1. 鼓励孩子做“小老师”

鼓励孩子做“小老师”，把在课堂上学习的知识给家人讲一遍，以达到复习巩固的效果。

以数学为例。让孩子做“小老师”，可以选择当天数学练习题中与例题相似的两道题来讲解。如果孩子逻辑清晰，表达有条理，讲解正确，就说明孩子牢固地掌握了新知识。如果孩子不理解新知识，讲得语无伦次，家长不要打断，直到孩子讲完。然后家长可以像学生一样提问：“×× 老师，我 ×× 地方没有听明白，能再给我讲一遍吗？”可能孩子一时讲不清楚，家长不要急躁，不要训斥孩子，这就是孩子的问题所在。家长还可以这样引导孩子：“老师，我们可以看看教材上是怎样说的吗？”然后与孩子一起阅读教材，帮孩子回忆课堂上老师是怎样讲的。经过这样的过程，孩子往往会把不明白的问题想明白。如果孩子还是不理解，家长可以悄悄地记下来，向老师求助。也可以让孩子自己记下来，第二天去请教老师或同学，回来再给家长讲。这样，孩子就能够及时消化每天所学的知识，查漏补缺，避免问题积压。

虽然这样做会占用家长一些时间，但是经过一段时间的训练，你会发现孩子不仅牢固掌握了知识点，而且思维缜密，表达能力也得到了提升。孩子养成习惯后，就会自主复习，家长就可以适时撤出了。

2. 让孩子自己改正错题并讲解

很多家长一旦发现孩子错题较多，就会一边数落孩子，一边给孩子讲题。

这样做有以下弊端。

（1）让孩子产生挫败感。一些家长往往边讲题，边讲道理，边指责孩子。在这样的氛围中，孩子就会感觉自己不如别人，就会产生挫败感，甚至会消极对抗。

（2）让孩子产生依赖心理。家长直接给孩子讲题，孩子就不愿意去主动思考了，而是依赖家长，等着家长讲题。

孩子做错题时，家长不要急躁，要让孩子先改正错题，然后给家长讲一遍。家长要耐心倾听，孩子讲完后，可以适当提问。如果某个地方孩子讲不清楚，家长可以引导孩子看书，或者回忆课堂上老师和同学讲的方法，直到孩子弄明白为止。

家长在孩子面前还可以适当示弱。对孩子不理解的知识点，家长可以装不懂，积极地和孩子一起想办法。这样做，孩子就不会产生挫败感，既能复习巩固所学知识，又能获得成就感和自信心，还能建立和谐的亲子关系。

3. 整理错题本

家长可以指导孩子把作业中、试卷中的错题抄写在错题本上。

日期	错题	关联知识点	错题分析	改正（写思维过程）

每周拿出错题本，让孩子结合相关知识点进行复习，并把解题思维过程再说一遍。还要引导孩子在深入理解错题涉及的知识点的基础上学会为自己出题，以达到举一反三的效果。

4. 每周进行一次总结

一周后，如果不及时复习，很多知识点孩子就会遗忘。因此，家长要帮助孩子养成每周复习巩固的好习惯。可以为孩子准备一个大一些的总结本，利用周末时间，指导孩子通过画思维导图或者表格对一周学过的知识进行梳理，帮助孩子把新知识纳入原有的知识体系中，在知识间建立关联。尤其是一些需要识记的内容，家长更要引导孩子多复习。

复习巩固的方法有很多，家长要找到适合孩子的方法，并且坚持下去，让孩子养成复习的良好习惯。

孩子拖拉磨蹭，怎么办

“十个孩子九个拖”，孩子的“拖延症”该怎么“治”呢？

案例一：一年级学生欣欣听讲、阅读、表达都没有问题，只要提到写字就开始哭。学校里的作业没办法完成，只能回家后由妈妈陪着完成。欣欣经常边写边哭，家长既心疼又无助。

案例二：三年级学生小龙每天在学校完成作业后，回到家妈妈都要检查。对不合格的作业，妈妈会帮小龙擦掉让他重写，再把做错的题给他讲一遍，让他练习 5—10 道题，然后让他把第二天要做的作业提前看一遍。妈妈对此很有成就感，因为孩子的学习一直在妈妈的掌控之中。后来，妈妈发现，小龙写作业严重拖延，一会儿吃东西，一会儿玩玩具，一会儿看书，一会儿看手机，经常拖到晚上 10 点多，妈妈布置的作业还没有写完。妈妈开始变得焦虑起来。

案例三：四年级学生东东学习有些跟不上。家长听同事介绍，他的孩子上了一门校外课程，效果不错，于是也给东东报了一些校外课程。孩子表示不想上，家长没有同意。家长慢慢发现，东东不仅成绩没有提高，做作业还总是拖拉。于是，家长更着急了。

经过与孩子和家长深入沟通，我们发现不同的孩子有不同的原因。

（1）欣欣的拖拉主要是由生理原因造成的。这种拖拉主要发生在一年级学生身上，他们的手部肌肉发育不完善，写字一多就会酸痛。如果家长不理解孩子，一味指责孩子，就会让孩子对写字产生恐惧，造成拖拉。

每天孩子放学后，家长可以带着孩子做双手拍球的游戏等，以锻炼孩子的手部小肌肉。当孩子写字不再感到累时，拖延的现象就会得到缓解。

（2）小龙是个比较有想法的孩子，他的拖拉有一些心理原因。首先，妈妈比较强势，对孩子要求太过严厉。其次，妈妈几乎把小龙的所有时间都占了。妈妈认为，除了学习，其他事情都是浪费时间。可是，孩子的想法是：白天在学校里学习了一天，晚上还要继续学习，生活中学习成了唯一，太没意思了。所以，小龙就故意拖延，让家长没有时间再安排其他作业。

对待孩子的学习，家长要放平心态，过于严厉，容易让孩子产生逆反心理。检查孩子的作业后，可以与孩子一起分析哪些地方做得好、哪些地方存在不足，并一起寻找原因和解决办法。还要给孩子留出放松身心和发展兴趣的时间，这是孩子为自己蓄能的一种方式。

（3）跟东东沟通时，东东说道："我课内知识还没有学会，爸爸妈妈又帮我报了校外课程，老师讲的内容和方法都不一样，我根本学不过来。每次完不成作业，爸爸妈妈就批评我，也不听我解释。反正我也不会，就这样吧。"原来家长对东东遇到的学习困难并不了解，盲目跟风报校外课程。这造成孩子学习压力过大，自暴自弃，用拖延来表示自己的反抗。

针对这种情况，首先，家长应立即把校外课程停掉，让孩子把精力投入学校的学习中。其次，对孩子的薄弱学科，家长要和孩子一起分析原因，根据孩子的实际情况进行引导，让孩子学会预习、听讲和复习，切实帮助孩子解决学习中遇到的困难。再次，看到孩子的努力和进步，家长要及时肯定，以增强孩子的学习信心。

针对孩子写作业拖拉的问题，除上述方法外，家长还可以采取以下方法。

一是限定作业时间。比如，规定孩子晚上 8 点前必须完成作业，如果孩子没有完成，也不再让孩子写了，而是按照作息时间表进行其他项目。家长可以私下与老师商定，第二天取消孩子一项喜欢的校园活动，让孩子补完作业。家校合作，帮助孩子改掉拖拉的习惯。

二是巧用点赞卡。很多时候成人的赞赏与鼓励会让孩子劲头十足。家长不妨设计一些点赞卡，当孩子提前或者按时完成学习任务、成绩有进步等的时候，给孩子一张点赞卡，以激发孩子的成长动力。

三是设置“时间银行”。比如，孩子写作业预计需要 1 小时，结果他 40 分钟完成了，就把节省下来的 20 分钟存到“时间银行”里。一张答卷预计 60 分钟完成，有的孩子可能需要 80 分钟才能完成，那么就从“时间银行”里扣除 20 分钟。周末，孩子可以自主安排“时间银行”里的时间，做自己喜欢做的事情。

当然，造成孩子写作业拖拉的原因很多，家长要和孩子一起寻找原因及解决办法。成人也会犯“拖延症”，何况孩子。所以，家长要有耐心，要根据孩子的具体情况采取措施，帮助孩子克服拖延的毛病。

如何面对粗心马虎的孩子

很多家长抱怨孩子写作业粗心马虎，比如，把“43”写成“34”；把“玩耍”写成“玩要”；竖式计算结果为23.05，横式等号后面却抄成23.5；等等。孩子一看到错误马上就能改对，再做题时却又会犯相同的错误。为什么会出现这种情况呢？

一是视知觉能力发展失衡。视知觉能力是把眼睛看到的信息传递到大脑，对其进行加工的能力。有的孩子把“43”写成“34”，数学题计算正确，却把答案抄错了等，往往与孩子的视知觉能力发展失衡有关。因此，这样的孩子容易出现“粗心”的现象。

二是注意力不集中。很多孩子写作业时不能集中注意力，常表现为东张西望，听到有人小声说话，他可能会马上跑过去插话……注意力不集中还会妨碍孩子从外部世界获取有用信息，他的许多感官信息不能传递到大脑，从而出现视而不见、听而不闻的现象。这是导致孩子粗心的重要原因。

三是对知识点的掌握不牢固。一些孩子对知识点掌握不牢固，导致新旧知识相互干扰，写作业时就会出现差错，给人“粗心马虎”的感觉。例如，孩子刚学完脱式计算，就学习解方程，如果他对脱式计算的格式和运算顺序掌握不牢固，学习解方程时可能就会产生混淆。

四是受思维定式的干扰。思维定式会使人按照一种比较固定的方式思考问题或解决问题。有些孩子受思维定式的干扰，在阅读题目时，没有关注题目中的细节。例如，树上有 20 只鸟，飞走 10 只，又飞走 5 只，飞走了几只？一些孩子见到“飞走”就用减法，造成解题错误。

五是学习习惯差。有的孩子学习习惯差，经常边玩边做题，或者边吃东西边做题，导致粗心出错。

六是长期被催促。有些家长给孩子安排的学习任务过满，孩子长期处于被催促的状态，心神定不下来，导致粗心出错。

每个孩子的情况都不相同，家长需要仔细观察，帮助孩子分析粗心的原因。找到原因后，再采取相应的策略。

1. 培养孩子的责任感

家长要让孩子认识到学习是自己的事情，要对自己负责。从小培养孩子自己的事情自己做，还可以鼓励孩子做一些力所能及的家务劳动。对孩子做的每一件事，家长都要耐心等待孩子做完、做好，以此培养孩子的责任意识。这样孩子慢慢就会形成学习责任感。

2. 指导孩子及时复习巩固

帮助孩子及时巩固所学知识，将已学知识纳入原有的知识体系中，定期和孩子一起总结、梳理（可参照“让复习成为一种习惯”部分内容）。孩子牢固掌握知识点后，做作业时就会少出差错。

3. 寻求专业机构的帮助

如果孩子注意力不集中是由生理原因，如感统失调等造成的，家长就需要带孩子去专业机构做相应的训练。

4. 培养孩子良好的解题习惯

为了培养孩子细致、认真的解题习惯，我们鼓励孩子做题时进行画批，在作业中呈现思维过程。例如，低年级数学，我们要求孩子指读题目，画批题意，说着思维过程做题。指读题目可以解决视知觉能力发展失衡的问题，画批题意与说着思维过程做题能促使和训练孩子集中注意力。又如，写字时，让孩子先观察间架结构，然后心里说着笔顺写，慢慢地就会帮助孩子养成细致、认真的习惯。

5. 减少家长的干扰

在孩子学习时，家长不要干扰孩子，不要坐在孩子旁边唠叨，更不要不停地催促孩子完成作业。可以让孩子设置好闹钟，独立完成作业。如果家长想帮助孩子检查作业，最好先让孩子自己检查一遍，家长再检查。如果有错，让孩子先讲出思维过程，然后将错题记录在错题本上，写出错误原因并改正。

6. 多鼓励，少指责

孩子在放松的状态下做作业，往往会更积极，更认真，作业质量也会更高。如果孩子总是在担心和焦虑中做作业，就会烦躁粗心，不自信。有的孩子甚至不敢下笔，担心写错而被家长指责。家长应及时肯定孩子的态度和努力。即使孩子出现错误，也要看到孩子努力的一面，帮助孩子寻找错因，多鼓励孩子。

孩子“粗心马虎”是常见问题，家长不要焦虑，而要多观察孩子，尝试做记录，分析孩子粗心属于哪种情况，再对“症”下药。

“我不想上学了！”

孩子厌学这样的问题虽然不常出现，但是一旦出现，就不容易解决。

案例一：一个五年级男孩，跟爷爷奶奶生活在一起，每天晚上玩电子游戏，早上起床困难，上课没精神，学习渐渐跟不上了。孩子开始厌学，一度连续半年不能正常到校上课。

案例二：一个高一男孩，高中之前学习一直优秀，被保送到一所重点高中。上高中后他发现，原来自己永远的班级前五名再也回不去了，优秀的孩子比比皆是。他开始自卑起来，恰恰在孩子最需要帮助的时候，父母离婚了，于是他辍学在家。

案例三：一个男孩上一年级时有明显的分离焦虑，只要孩子一哭闹家长就把他带回家。一、二年级的知识相对简单，家长可以辅导，到了三年级，这个孩子的学习明显跟不上了，于是开始厌学。

孩子厌学往往有各种原因。

一是孩子沉溺于电子产品。电子产品对人的诱惑力非常大，无论是对成人还是对孩子。孩子之所以迷恋电子产品，可能是因为家长工作比较忙，无暇照顾孩子；而孩子需要有质量的交流与陪伴，当他得不到满足时，就需要找心理安慰，电子产品就乘虚而入了。也可能是因为家长本身喜欢玩电子产品，对孩子玩电子产品缺少严格的控制，造成孩子过度迷恋。还可能是因为家长希望有自己的空间，于是让电子产品替代自己对孩子的陪伴，造成孩子对电子产品的迷恋……沉溺于电子产品，容易让孩子对学习失去兴趣，慢慢地就会造成厌学。

二是家长对孩子太溺爱。古人云“十年寒窗苦”，可见学习本身就是一件辛苦的事情，孩子需要有毅力、有动力，才能坚持下去。有些家长太溺爱孩子，让孩子过着衣来伸手、饭来张口的生活；对孩子既缺少学习习惯的培养又缺少学习上的要求，每当孩子坚持不下去的时候，总是认为孩子还小；舍不得孩子吃苦、伤心，遇到孩子哭闹着不想上学时，立刻妥协，或者归咎于别人，为孩子开脱。久而久之，孩子可能就会产生厌学情绪。

三是孩子的抗挫折能力较弱。一些孩子的抗挫折能力较弱，这容易造成厌学。比如，进入新环境后，需要重新建立自己的人际圈，有的孩子对某些人的做法无法理解和接纳，又没办法改变，就会感到受挫，情绪低落，从而造成厌学。又如，有的孩子学习一直比较优秀，常常受到成人的表扬，某次成绩滑落，孩子就接受不了，家长又未给予正确的引导，从而造成孩子厌学……

四是孩子的心理问题没有及时得到疏导。有些孩子存在自闭、抑郁等心理问题，如果没有及时得到专业治疗，可能会造成厌学。

怎样帮助孩子走出厌学的困境呢？下面的一些建议，家长可以结合孩子的实际情况尝试。

1. 制定电子产品使用规则

对沉溺于电子产品的孩子，首先，家长要做好示范，减少自己使用电子产品的时间和频次。其次，要提供高质量的亲子陪伴，把孩子从对电子产品的迷恋中解救出来。最后，要与孩子一起制定电子产品使用规则。例如，每天家长下班或孩子放学回家后都要把电子产品放到固定位置，在规定的时间内使用，用完再放回去，养成习惯。一旦约定好，家长就要带头遵守，同时要监督孩子按照约定去做。

2. 家长要理性地爱孩子

溺爱孩子，反而会害了孩子。因此，家长要统一教育理念。无论是谁陪伴孩子，都要做到要求一致、言行一致。为了孩子的长远发展，家长要学会放手，舍得让孩子去独立做一些事情。比如，每个家庭成员都有自己的劳动岗位和任务，定期轮换，孩子也要做力所能及的事情。孩子只有参与家庭生活的方方面面，才能习得应有的生活能力。一旦孩子的行为违反家庭约定，家长就要指出来，并给予正确引导。当孩子提出无理要求的时候，家长要坚持原则。例如，孩子找各种理由不上学，除非孩子真正生病了，否则，一定要坚持送孩子去上学。如果孩子的无理要求总是得不到满足，孩子就不会再提出类似的无理要求了。

3. 提升孩子的归属感

如果孩子换了新环境，家长可以私下跟老师聊一聊孩子的情况，帮助孩子拉近与同学和老师的关系，让孩子觉得老师很关注自己，同学对自己很友好，自己属于这个班集体，从而提升孩子的归属感。

4. 对孩子的评价要真实

对学习一直比较优秀的孩子，家长不要过度赞扬，对孩子出现的一些问题，要客观地指出来，让孩子能够接受自己的不完美。要让孩子感受到，家长不是因为他学习好才爱他，更不会因为他犯错误而嫌弃他，他的每一分努力家长都会看到，家长会一直爱他。

5. 提升孩子的学习能力

对学习能力较弱的孩子，家长要给予支持。帮助孩子规划好课余时间，每天督促、陪伴孩子及时预习，复习巩固所学知识，整理错题本，每周进行一次总结等，从而提升孩子的学习能力。

6. 增加户外运动

经常参加户外运动，能让孩子变得积极、阳光，从而精力十足地投入学习中。每天放学后，家长最好能带孩子在户外活动半小时，跑跑步、打打球等；周末可以安排爬山、游泳等运动项目。经常参加户外运动，还能够强身健体，这样孩子学习时才不容易感到疲惫。

7. 一旦发现孩子存在心理问题，就要及时带其去医治

如果发现孩子出现反常举动，一定要接纳孩子的现状，可以跟老师沟通，必要时应求助专业机构对孩子进行心理疏导。健康的心理是孩子正常学习的前提。

我接触过一个五年级女孩，爸妈离婚后，她跟着爸爸生活。这个孩子要么不去上学，要么到学校后就找地方睡觉。爸爸看到孩子的这种表现，经常打骂孩子，导致孩子不愿意回家。经过与孩子沟通，我了解到，她每天晚上都很孤独，经常会感觉有很多小黑点在空中飘浮，慢慢凝聚成一个大黑球，突然爆裂，变成一片空白。这让她感到非常恐惧，需要听舒缓的音乐才能入睡。当她意识到自己的问题时，就到网上去查资料，发现自己有抑郁倾向，要求爸爸带她去医院检查。结果爸爸一直认为孩子在逃避学习，是装的，还经常指责孩子生活习惯不好，依赖电子产品。直到孩子开始用割腕的方式寻求解脱，家长才意识到问题的严重性，带孩子去医院检查。孩子被医生诊断为重度抑郁，需要住院治疗。

因此，家长要正视孩子的心理问题，早发现，早诊断，早干预。

8. 对孩子进行挫折教育

家长可以设计一些亲子活动，例如下棋、打球等，对孩子进行挫折教育。要让孩子认识到输赢是正常的事，只要自己努力过，就不会留下遗憾；正视自己，每个人都有优势和劣势，要付出努力，实现自己的价值；对自己存在的不足，能够弥补更好，即使不能，也不要气馁，给自己制定小目标，每天进步一点点儿。还可以鼓励孩子看一些名人传记，让孩子明白名人往往能用自己的优势服务社会，跟自己的不足和谐相处。

总之，厌学情况比较复杂，家长只有找到根源，才能帮助孩子重新燃起学习的希望。

如何引导孩子正确使用电子产品

现在电子产品已经渗透到孩子生活的方方面面，带来的一个问题就是一些孩子疯狂迷恋电子产品。那么，如何引导孩子正确使用电子产品呢?

1. 提出减少电子产品的使用时间

例如，一个孩子原来每天使用电子产品超过两小时。通过与孩子交流，家长了解到，孩子使用电子产品来查阅资料、与同学互动、听音乐、看小说、玩游戏等。首先，家长可以与孩子一起分析哪些事情是必须借助电子产品才能完成的，而哪些是有替代方案的。然后，分析电子产品给人带来的危害，如影响视力、浪费时间、让人变懒等，引导孩子不要过度依赖电子产品。最后，提出希望孩子减少电子产品的使用时间。

2. 各自提出解决方案

家长可以与孩子共同协商解决方案。最好让孩子先说，无论孩子提出的方案是否合理，家长都不要急于评判。等孩子提出解决方案后，家长再提出自己的解决方案。你会发现，自己提出的方案和孩子的有不一致甚至矛盾的地方。

3. 评估备选方案

家长和孩子一起评估备选解决方案，明确双方的底线。这时候，家长一定要坦诚说出自己对方案的真实想法，特别是对不能接受的方案，要说出理由。这更容易让孩子接受你的意见。例如：

¤ 这个我做不到，我需要……（说出理由）

¤ 你的意思我能理解，但是我觉得……（说出建议）

¤ 这个我可以接受……

这一步要做的就是删除不可行的方案。

4. 制定电子产品使用公约

家长和孩子通过协商，最后确定可行的方案。家长可以通过问一些问题来确认，例如“这样能解决你的问题吗”“你如何保证做到”“如果没做到怎么办”等。一旦确定方案，最好形成书面形式的电子产品使用公约，并且双方签字。这样显得更正式，而且有仪式感，也是在培养孩子的契约精神。

一次，我们邀请家长参与班会，由家长和孩子一起制定了电子产品使用公约。

（1）规定时间：每天使用电子产品（　　）分钟，周末使用（　　）小时。

（2）规定存放位置：每天回到家，家人的手机共同放在（　　）位置。只有（　　）时间，家人可以使用手机，用完放回原处。

（3）了解功能：每当家里购买了新的电子产品时，家人要一起阅读说明书，了解如何使用、如何维护、下载哪些必要的应用程序、如何付费等。

（4）奖惩措施：如果孩子违反约定，一周时间不能碰电子产品。如果孩子能够很好地遵守约定，一周可以给孩子增加一小时自主使用电子产品的时间。

5. 共同遵守约定

制定电子产品使用公约后，家长和孩子要共同遵守约定。在执行过程中，孩子可能会出现不遵守约定的情况。这时候家长不要一味责怪批评，而要适当干预。例如，在约定时间前 5 分钟提醒孩子；如发现超时了，家长应立即收回电子产品；如遇特殊情况需要延长使用时间，孩子需要向家长申请；等等。家长还可以在电子产品上设置学生使用模式，以控制使用时间。改变是需要时间的，家长要按照约定执行，引导孩子正确使用电子产品。

除此之外，首先，家长要做好示范。家长如不希望孩子迷恋电子产品，就不要整天抱着电子产品不离手。

其次，丰富亲子活动的内容。可以开展有意思的亲子活动，如户外活动、做手工、玩纸牌、搭积木、制作陶泥等。孩子的课余生活丰富多彩，他慢慢就会摆脱对电子产品的迷恋。

最后，当孩子遇到困难和挫折的时候，家长不要一味指责和抱怨，而要与孩子一起寻找解决方法和策略，帮助孩子树立信心，让孩子感受到父母是坚强的后盾。这样孩子才不会从电子产品中寻找心理安慰。

总之，对电子产品的使用与管理，家长最好采用“疏”而不是“堵”的方式。

丢三落四不是小事

入学后，有的孩子经常忘记带课本或作业本回家；有的孩子经常忘记带水杯或者学习用具到学校；有的孩子经常丢铅笔、橡皮等，学校的失物招领处每学期都会收到大量无人认领的物品；有的孩子写作业时写一半，丢一半忘写了……

我们先来分析孩子丢三落四的问题是怎样形成的。

第一，“勤妈”养出懒孩子。通过对丢三落四问题比较严重的一些孩子进行调研，我们发现他们背后几乎都有一个“勤妈”。有些孩子从小到大没有参与过家务劳动，没有收拾过自己的玩具、学具、衣物等，完全是由家长帮助收拾整理的。甚至有的孩子都上小学了，家长还追着喂饭，帮着孩子穿脱衣服、提书包等。这些导致孩子形成依赖心理，没有养成必要的生活技能，没有形成自我管理的意识和习惯。

第二，家庭教育随意性强。家长对孩子的教育缺少规划，随意性较强，想到什么就做什么。例如，看到孩子在阅读，就给孩子买很多书。孩子没有坚持下去，家长也就放弃了，把书丢到一边。家庭教育缺乏规划，不利于孩子自我管理能力的提升。

那么，如何帮助孩子改掉丢三落四的不良习惯呢？

1. 让孩子自己的事情自己做

家长要把家庭当作孩子的练习场，让孩子学会自己的事情自己做，比如自己整理书包、收拾玩具、洗袜子、叠衣服、打扫自己的房间等。

同时，要让孩子承担一些力所能及的家务劳动，如摘菜、洗菜、做简单的饭菜、扫地、倒垃圾、取快递等。要让孩子认识到自己是家庭的一员，和父母一样要为家庭服务，不要把自己看成被照顾的对象，以此培养他的责任感和自理能力。

2. 家长要学会“示弱”

在日常生活中，家长要适当地“示弱”。家长可以在孩子面前装出健忘的样子，比如，出门总是“忘”带钥匙，请孩子提醒；要做饭时表现出疲惫不堪的样子，需要孩子当帮手……

慢慢地，孩子各方面能力得到锻炼，就会变得强大起来，充满自信；不再过度依赖父母，变得独立、有担当，能够有条理地处理事情，不再丢三落四。

3. 让孩子自己承担后果

家长要让孩子自己承担丢三落四的后果。例如，孩子忘记带物品去学校，家长可以与老师沟通好，不帮孩子送过去，而是让孩子自己承担后果。放学回家再帮助孩子分析问题产生的原因，与孩子一起寻找解决问题的策略，例如列出物品清单、有条理地收纳物品等，帮助孩子改掉丢三落四的不良习惯。

丢三落四看似是小事，实则会对孩子的成长产生不良影响。家长要学会放手，注重培养孩子的自理能力，采取有效措施帮助孩子尽早纠正丢三落四的不良习惯。

孩子一遇到困难就发脾气，可以这样做

每个人在成长过程中都会遇到困难和挫折，有的人积极面对，从容化解；有的人发泄情绪，推脱责任，逃避问题。而一个人如何面对困难，往往与其家庭及成长经历有关。

案例一：彤彤是一名三年级男生。每次只要家长一提到学习，彤彤就开始哭闹不止，并大声喊“我不会做！我不会做”。爷爷奶奶、爸爸妈妈都束手无策，讲条件、轮流陪、威吓等办法都尝试过，均无济于事。于是，家长向老师求助。经过深入沟通我们发现，家人对彤彤一直比较宠爱，只要孩子一哭，大人就开始满足孩子的各种要求。

案例二：小利是一名二年级女生。妈妈对小利的学习要求比较高。每天的作业，妈妈都让小利自己先检查，然后她再认真检查。如果检查出错误，妈妈的情绪就会比较激动：“这么简单的题都错了，你认真听讲了吗？……”批评完，让小利重写10遍，再练习3—5道相似的题目。因此，每天只要妈妈开始检查作业，小利就开始哭闹，发脾气。

一些孩子遇到困难的时候，会出现哭闹、发脾气、逃避现实的现象。为什么会出现这种现象呢？

一是曾经孩子遇到困难，用哭闹、发脾气的方式逃避过，积累了这方面的“成功”经验，慢慢就形成了逃避的习惯。

二是家长对孩子的要求过高，孩子达不到，于是产生畏惧、消极的心理。

三是家长认为孩子做得不够好，经常责备或者羞辱孩子，孩子沉浸在自卑或者愤怒中，缺少面对困难的勇气，从而通过发脾气来对抗。

那么，怎么才能帮助孩子学会积极应对困难呢?

1. 帮助孩子找到解决问题的路径

孩子遇到困难后，家长可以尝试这样沟通。

①完成这件事确实有些困难，爸爸妈妈非常理解。(与孩子共情)

②你以前遇到这样的事情，是怎么处理的？（帮助孩子寻找成功经验）

③别人遇到这样的事情，是怎样解决的?

④这件事我们一定要完成，你看看困难在哪里，我们一起来列一列。(和孩子一起列出遇到的困难)

⑤这些困难中，哪些你自己能解决？你准备怎样解决?

⑥哪些需要爸爸妈妈帮助解决？你希望爸爸妈妈怎样帮助你?

家长通过与孩子沟通，给予其方法指导，这有利于提高孩子解决问题的能力，让孩子从容面对困难。

2. 帮助孩子树立信心

如果家长对孩子的要求过高，导致孩子产生畏难情绪，那么家长就应适当降低要求，增强孩子的自信心。孩子每完成一个小目标，家长都要与孩子一起总结成功经验，让孩子看到阶段性成果，获得成就感，提升孩子战胜困难的信心。

3. 少责备，多鼓励

家长平时要多鼓励孩子，及时肯定孩子的努力和取得的进步，而不要经常责备孩子。这样，孩子以后遇到困难就会积极面对，就会自己寻找解决问题的方法，并且愿意和父母沟通，向父母寻求帮助。

让孩子学会勇敢面对困难，孩子会终身受益。

第二章

让孩子学会管理情绪

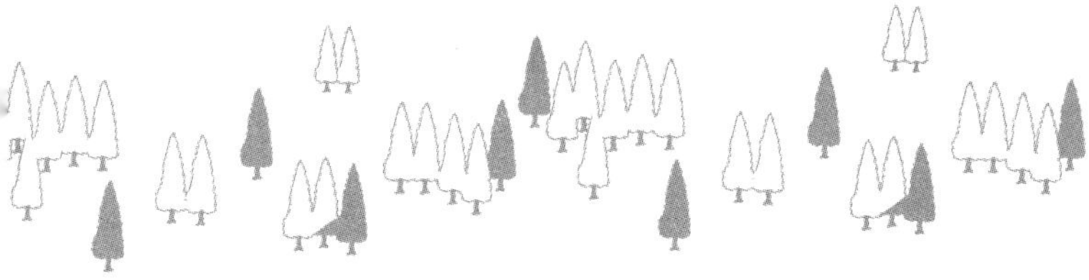

情绪是人正常的生理和心理反应，并不可怕。只有当负面情绪对他人造成影响或者伤害，孩子又不能很好地控制和管理时，才需要进行干预。

积极示范

情绪，是对一系列主观认知经验的通称，是多种感觉、思想和行为综合产生的心理与生理状态。情绪常和心情、性格、脾气、目的等互相作用。

情绪有正面和负面之分。孩子有负面情绪是正常的，只有当负面情绪对他人造成影响或者伤害，孩子又不能很好地控制和管理时，才需要进行干预。

我们先来看一个案例。

> 健健是一名四年级的男生，每次和同学意见不合，就情绪失控，甚至大打出手，还习惯性地去抓同学的脸，每次抓完都会说："你要长记性，永远不要欺负我！"经过了解得知，孩子的父母关系紧张，经常为一点儿小事就吵架，甚至动手，妈妈打不过爸爸，就抓脸，而且每次都会说："这就是帮助你长记性的！"

在以上案例中，孩子之所以情绪失控，甚至出手打人，主要是因为家长的错误示范。因此，家长要积极示范，引导孩子学会管理自己的情绪。

积极示范，既包括家长要控制好自身的情绪，也包括家长要正确对待孩子情绪的发泄。

家长是孩子最重要的学习资源。有些家长能够很好地消化自己的负面情绪。有些家长则不能管理好自己的情绪，常常上演“踢猫效应”，把坏情绪传染给孩子。孩子长期生活在这样的环境中，可能就会模仿家长，经常情绪失控。因此，家长要管理好自己的情绪，为孩子做出良好的示范。

家长要认识到愤怒是孩子正常的情绪反应，不要把孩子正常的愤怒看成问题。只有当孩子有情绪失控的表现时，那才是问题。

家长有了这样的认识，在面对孩子的情绪时，就会因事而异，从容面对。

首先，家长要从容面对孩子情绪的发泄。在孩子发泄情绪时，家长不能迁就孩子，也不能用吼叫、威胁、打骂等方式来处理。这些都是错误的示范。你可以不露声色地坐在孩子身边注视着他；感觉快控制不住情绪时，你可以先离开现场，等自己和孩子的情绪都稳定之后再和孩子交流。

其次，让孩子知道愤怒的感受别人可以接受，但是发泄情绪的破坏性行为，如损坏物品、大吼大叫、动手打人等，是不能接受的。家长可以借鉴《如何培养孩子的社交商》这本书中的做法，等孩子恢复平静后和孩子一起讨论：当你情绪失控的时候，会怎样？然后把孩子的回答写下来。

孩子可能会这样说：

¤ 当我情绪失控的时候，我会伤害到别人。

¤ 当我情绪失控的时候，我会说出伤害别人的话。

¤ 当我情绪失控的时候，我在学校里会遇到麻烦。

¤当我情绪失控的时候，我会做出让我后悔的事情。

…………

在孩子意识到情绪失控会带来这么多问题后，再指导孩子如何用健康的方式表达自己的愤怒。例如，大声向对方表达自己当时的感受；离开现场，或者做点儿别的事情，如跑步、听歌、和谈得来的朋友聊天等，转移自己的注意力。

最后，家长可以尝试使用“沟通十步法”与孩子进行沟通。我在工作中经常使用这种方法，效果不错。家长要在心平气和的状态下，留出比较长的时间，与孩子交流。

①你现在是什么心情？

②你为什么会有这样的心情？

③我特别理解你此时的心情，我相信……一定是有原因的。能告诉我，发生什么事了吗？

④爸爸 / 妈妈小时候也遇到过类似的问题，我是这样解决的……

⑤如果换作是你，你打算怎样解决？

⑥你的办法不错，我现在回想当时的解决方法，确实有一点儿遗憾。如果现在遇到这样的问题，我还可以这样做……

⑦现在我们谈谈你遇到的这件事，你打算怎么办？

⑧我有一些建议，供你参考……

⑨解决这个问题，你遇到的困难是什么？你需要谁的帮助？

⑩（问题解决之后）反思：你满意自己的解决方式吗？为什么？

这样的交流，既能让孩子感受到家长是接纳自己的情绪的，又能提高孩子解决问题的能力。

家长要用良好的行为影响孩子，帮助孩子学会管理自己的情绪。

延迟满足

家长可能遇到过这样的场景：逛街时，孩子在玩具店里看上一个玩具，家长因为种种原因没有满足孩子，孩子就当众大吵大闹；孩子因为想吃某种不健康的零食遭到家长拒绝而大发雷霆；孩子和小朋友玩得开心，一定要跟小朋友去他家里，家长没有同意，孩子就大发脾气；等等。

面对这样的情况，有些家长是这样处理的。

¤ 孩子吵闹时，马上满足其要求。

¤ 忽略孩子的感受，自己走开。

¤ 孩子哭闹时，不停地讲道理。

¤ 不顾及孩子的情绪，把孩子拽起来就走。

¤ 当众大吼、威胁孩子。

家长这样处理并不妥当。

当孩子因需求没有立即得到满足而发脾气的时候，家长尤其不能马上满足其需求，要冷静对待，要不打不骂，不在孩子哭的时候讲道理或者自己离开。要等孩子情绪稳定后，再和孩子讲清楚父母不能满足他的需求的理由。

在日常生活中，家长要注重培养孩子的延迟满足能力。例如，和孩子约定好，如果想买玩具，可以用平时积累的星星进行交换；孩子三次提出需求，可以满足一次；等等。

延迟满足能力强的孩子往往能管理好自己的情绪，未来更容易发展出较强的社会竞争力。

提前预防

对经常情绪失控的孩子，家长要了解激怒孩子的导火索是什么，并做好记录，提前做好预防。

在一次家长沙龙上，家长们总结了孩子在哪些时候容易发脾气。

¤当孩子因表达不清自己的需求而被误解时。

¤当孩子感觉被嘲笑时。

¤当孩子感觉受到挑衅时。

¤当孩子的需求得不到满足时。

¤当孩子感到学习压力大时。

¤当孩子自己或者所在团队输掉比赛时。

¤当孩子感觉遭受“不公正”待遇时。

¤当家长不断唠叨时。

¤当孩子感觉被冷落或者被孤立时。

¤当孩子感觉自己的意见不被尊重和接纳时。

¤当孩子没有争得话语权时。

¤当孩子想表现自己却没有得到机会时。

…………

做好记录后，家长可以根据孩子的具体情况，有针对性地采取措施，提前做好预防，避免孩子情绪失控。

例如，如果孩子自己或者所在团队准备参加比赛，家长可以与孩子一起分析他或团队的优势和不足，制订训练计划，督促他坚持训练。要让孩子认识到，在人成长的过程中，输赢都是正常的，只要努力了，就不会留下遗憾，为孩子做好情绪疏导。

又如，对喜欢表现自己的孩子，家长可以适当为他提供表现自己的机会，如组织家庭音乐会、家庭故事会、家庭游戏日活动等，邀请小朋友及其家人一起参加。在活动过程中及时肯定孩子的努力，指出孩子的不足，做出客观评价，在提升孩子自信心的同时，让孩子对自己有清晰的认识。还要让孩子知道，每个人都有被认可的需要，要尊重他人，学会为他人喝彩。

对希望赢得话语权的孩子，家长要营造民主的家庭氛围，尊重孩子的意见，对孩子的意见给出客观评价，并采纳孩子的合理意见。

对学习压力比较大的孩子，家长要帮助他制定合适的学习目标和计划，把大目标分解成一个个小目标让他去完成，做到合理施压。

家长还要细心观察，尝试读懂孩子情绪失控的信号。

¤眉头紧皱，不说话。

¤眼睛瞪着对方。

¤握紧拳头，喘粗气。

¤咬牙切齿，提高音量。

¤脸红脖子粗。

…………

当你发现孩子情绪失控的信号时，就要进行引导，比如给孩子一个拥抱、说些鼓励的话语等，以缓解孩子的负面情绪。

总之，家长要准确了解孩子情绪失控的导火索，提前做好预防，为孩子提供必要的支持和帮助。这样，孩子情绪失控的问题就会得到缓解。

拓宽视野

视野决定一个人的格局，视野开阔的人往往更能控制自己的情绪。

有些家长光让孩子吃好喝好，拥有很多玩具等，却忽略了拓宽孩子的视野。孩子视野狭窄，以自我为中心，不如意的时候就容易情绪失控。

家长要有意识地拓宽孩子的视野，重视孩子的精神成长。

¤陪孩子走进博物馆，让孩子感受历史与现代的交融。

¤陪孩子参与农作物的种植、采摘等，让孩子体验劳动的艰辛与快乐。

¤陪孩子听音乐会、看戏剧等，让孩子学会欣赏艺术。

¤邀请孩子的小伙伴和孩子一起玩，提升孩子的交往能力。

¤陪孩子一起做手工，培养孩子的创新意识。

¤陪孩子去旅行，让孩子放眼看世界。

¤组织沙龙、聚会等活动，让孩子感受成人的世界。

…………

阅读是拓宽孩子视野的重要途径。一位妈妈和我分享过一个小故事。一天，妈妈和爸爸发生了一点儿小矛盾，吵了起来。孩子把妈妈拉到一边，给妈妈上了一堂情商课。孩子提醒妈妈要“管住嘴，迈开腿，不后悔”。经了解，这些话是孩子从书上看到的。孩子也会使用书中的方法来管理自己的情绪。

家长可以和孩子一起阅读一些情绪管理方面的绘本，比如，《我不敢说，我怕被骂》《我的老师是怪兽！》《生气的亚瑟》《蕾拉的头巾》《吉姆的小狗》《说谎的孩子》《第一次考试》《硬汉吉姆》《不是第一名也没关系》等。

总之，拓宽视野，有利于提升孩子的情绪管理能力。

达成共识

一个控制不住情绪、喜欢发脾气的孩子，往往有一个靠发脾气赢得话语权或对“发脾气”无原则包容的家人。其实，家庭成员应该就情绪管理问题达成共识。

可以召开一次家庭会议。

第一个环节：感谢家人，让孩子学会感恩

让孩子留心观察每位家人为家庭做了哪些服务，对家人表达感谢，例如，“谢谢妈妈每天早上为家人准备早饭……”通过这个环节，让孩子感受家人的关爱，体会家庭的温暖，培养孩子的感恩与服务意识。

第二个环节：发现问题

回忆一周以来，谁发过脾气，因为什么事发脾气，给别人造成了什么影响等。可以用表格记录下来。

家人的昵称	发脾气的时间	发脾气的原因	产生的影响	有效控制方法

第三个环节：梳理问题

做好记录后，对表格进行梳理，让家人意识到自己的问题所在，找到脾气爆发点。

第四个环节：寻找解决办法

针对情绪管理方面的问题，家庭成员共同寻找解决办法。

¤可以把经常引发自己情绪失控的事情写下来，然后分析需要谁的帮助，尝试解决问题，而不是把不良情绪转嫁给家人。

¤感觉自己的情绪不受控制时，离开现场，去散散步，听听音乐，找人聊聊天等。

¤家里配置几个发泄球，当出现不良情绪的时候，可以通过发泄球来发泄情绪。

对“发脾气”无原则包容的家人要改变自己的态度。

¤家人发脾气的时候，要面无表情地注视着他，或者离开现场，让他感受到你不满意他现在的做法。

¤等他平静后给他倒一杯水，体现你对他的关心，然后跟他谈谈你对这件事的看法。

第五个环节：制定家庭情绪管理公约

家庭成员可以就情绪管理问题达成共识，制定家庭情绪管理公约，营造温馨、和谐的家庭氛围。

制定家庭情绪管理公约后，家庭成员要共同遵守，做到标准一致、要求一致、言行一致。

培养责任意识

很多容易情绪失控的孩子常以自我为中心，缺乏责任感。家长要有意识地培养孩子的责任意识，鼓励孩子参与家务劳动，给孩子分配一些劳动任务，设定一些角色。

1. 与孩子商定一份家务劳动清单

孩子是家庭的一员，不应只是被照顾的对象，还应该学会服务家人。家长应该为孩子分配一些劳动任务，让孩子学会劳动技能，养成劳动习惯，以培养孩子的责任意识。家长可以与孩子共同商定一份家务劳动清单，可参考以下内容。

¤ 早上按时起床，自己叠被子，整理床铺。

¤ 低年级同学能打扫自己的房间，擦桌子，擦地，整理书柜和衣柜；鼓励中高年级同学打扫全屋的卫生，擦桌子，擦地，整理书柜和厨房等。

¤ 低年级同学能够择菜、洗菜、切菜，会清洗水果；高年级同学会操作厨房电器，跟家长学习做饭，能独立做一顿正餐。

¤ 自己洗头、洗澡；整理自己的书包、玩具、书桌和学习用品，分门别类地放置，保持学习环境干净整洁。

¤饭前拿好碗筷，能够盛饭端菜；饭后收拾碗筷，把碗筷洗净并码放整齐。

¤帮助父母照看弟弟妹妹，可以辅导他们的作业，给他们讲故事，陪伴他们玩耍。

¤低年级同学能够与家长一起排查家中的安全隐患，能够取快递包裹、倒垃圾；高年级同学会订购食材和生活用品等，能够掌管一个月的家庭开支。

¤能够手洗自己的内衣和袜子；会把衣服分门别类放入洗衣机，会操作洗衣机，晾衣服，收衣服，叠衣服，并将其整齐放入收纳柜。在做好防护的前提下，能对家里进行消毒。

¤如果家里养有动植物，主动了解它们的习性，会照顾它们。

在参与劳动的过程中，孩子会习得生活技能，提升责任感和担当精神。

2. 为孩子设定家庭角色

在家庭中为孩子设定一些角色，有利于培养其责任意识。例如，请孩子做家庭生活的“小小规划师”，设计理想的家庭生活等；请孩子做“小老师”，每天晚上给家人讲故事；请孩子做“小导游”，提前了解旅游目的地的风俗习惯、饮食文化等，设计旅游项目，随时随地为家人解说；等等。

3. 鼓励孩子在学校里做老师的小帮手

请孩子描述老师每天的工作，鼓励孩子在老师工作繁忙时做老师的小帮手，帮老师发作业本，擦黑板，整理讲桌等。

在参与家务劳动和承担角色的过程中，孩子会慢慢树立服务他人的意识，学会担当，懂得包容，更好地控制自己的情绪。

角色扮演

如果孩子情绪失控了，等孩子冷静后，家长可以和孩子一起玩角色扮演的游戏。

1. 扮演角色，再现场景

我们先来看一个真实案例。

琪琪上一年级的时候，在课堂上举手，只要老师没有请他回答问题，他就会大哭大闹，把自己的学习用具扔得到处都是，甚至跑到楼道里扯着嗓子大喊："为什么不叫我？！为什么不叫我？！"

原来，因为父母工作忙，这个小男孩是由姥姥姥爷带大的。老人都是大学教授，非常重视培养孩子的阅读能力。孩子入学前阅读了近600册图书，与人聊天的时候经常语出惊人，深受成人喜爱。孩子喜欢表现自己，当他没有获得展示自己的机会时，就感到非常失落，以这种方式发泄自己的不满情绪。

和琪琪的妈妈沟通后，我们让妈妈扮演琪琪，让琪琪扮演老师，再现当时的场景。

琪琪：这个问题谁来回答？

（妈妈高高举起双手）

琪琪：（环视四周）小青，你来吧！

妈妈：为什么不叫我？为什么不叫我？（把文具盒扔到地上，哭着跑出去）

…………

2. 分别谈感受，换位思考

再现场景后，首先请琪琪谈自己的感受。琪琪说："我发脾气时，我想老师应该也很生气。我影响了其他同学听讲，同学们一定不喜欢我。我觉得发脾气时的自己很丑，现在想起来感觉很没面子……"

然后，妈妈也谈了自己的感受。她表示理解琪琪的心情，对琪琪能积极回答问题表示肯定。同时指出，发脾气并不是解决问题的好方式，可以换一种思路，用不同的方式来表达。例如，等同学回答完问题后再举手说："我有不同的看法。"

通过角色扮演，琪琪学会了换位思考，表示以后要控制自己的情绪。

玩好角色扮演游戏，孩子的情绪难题往往就能迎刃而解。

制订情绪管理计划

对经常情绪失控的孩子，家长要及时干预，帮助孩子制订情绪管理计划，提升孩子的情绪管理能力。

1. 记录情绪

家长可以制作一个表格，记录孩子情绪失控的时间、地点、原因、表现等。每次孩子情绪失控时，家长就将这些记录下来，之后与孩子一起分析可以用怎样的方式解决遇到的问题，而不是随意发泄情绪。

2. 制定提前预防的策略

家长可以根据情绪记录情况，制定适合孩子的预防策略。同时要跟老师沟通，争取老师的支持。

3. 商讨控制情绪的方法

家人要结合孩子的现状，一起商讨帮助孩子控制情绪的方法。例如：

¤想通过破坏性行为发泄情绪时，可以用右手握住左手，默数50个数。

¤感觉快要情绪失控时，离开现场，换个地方玩玩具、找人聊聊、听音乐等，转移注意力。

¤把心事记到日记里，以此宣泄情绪。

¤让自己冷静下来，想想还有什么更好的方法解决眼前遇到的困难或者问题。

4. 从实际情况出发，帮助孩子制订情绪管理计划

对容易情绪失控的孩子来说，短时间内做出改变很难。所以我们要看到他的努力。假如孩子原来情绪失控时会打人，而这次他一直用右手攥着左手，尽管满脸通红，眉头紧锁，那么，家长也要及时肯定孩子的努力，多鼓励孩子，比如抱抱孩子，摸摸孩子的头，拉拉孩子的手，蹲下来用温柔的眼神看着他与他对话等。

当孩子感受到他的努力被人看到时，他会更好地执行情绪管理计划。

第三章

培养孩子的交往能力

交往能力是一种重要的社会生存能力。学校是小型社会，交往能力直接关系到孩子在学校生活的幸福指数，以及孩子未来走入社会的人际关系。因此，家长要重视对孩子交往能力的培养。

准确表达自己的需求

在孩子尤其是低年级孩子中，“抢”东西的现象比较普遍。除了孩子没有物品归属意识外，一个重要原因是孩子不会表达自己的需求。比如，孩子没有带学习用品，想向同学借用，或者看到同学的物品比较喜欢，想借来看看，但他不会表达自己的需求，而是直接动手去“抢”，从而引发了与同学之间的矛盾。

如果孩子不会准确表达自己的需求，就容易造成同学的误解。

毛毛和天天平时特别喜欢在一起玩。有一天，毛毛跟妈妈说：“天天总是欺负我，经常弹我的脑门，特别疼。”妈妈看到孩子的脑门处确实有些红，就找老师反映问题。老师找天天了解情况，天天说：“这是我们玩游戏时的约定，谁输了就要被弹脑门，如果我输了，他也弹我。我们玩的时候，他从来没有说过不可以呀！”老师又找到毛毛，毛毛却说：“我不喜欢这种玩法，我用手挡着，他还把我的手拿开。”老师问毛毛：“你跟天天说过不喜欢这种玩法，想换一种玩法的话吗？”毛毛回答：“没有说过，我怕他不跟我玩，但是我用手挡过，不想让他弹。”

毛毛不喜欢天天的玩法，但没有准确表达出来，于是天天误认为毛毛认可这种玩法。

那么，家长该如何教会孩子准确表达需求呢？

（1）孩子会说话之后，家长要等孩子把需求说出来再去满足。不要猜测孩子需要什么，然后不等孩子开口就去满足。

（2）告诉孩子一些表达技巧，例如：

①我需要……（我想怎样或者我感觉怎样）

②因为……（告诉对方是什么原因）

③我希望……（告诉对方你所期待的表现是什么样子的）

④表达感谢。

例如，毛毛可以这样表达："天天，我特别喜欢和你一起玩游戏，但是我们需要换一种玩法。这种弹脑门的方式我不喜欢，因为它会让我不舒服。我希望换一种我们都能接受的方式，我们一起想想好吗？谢谢！"

又如，孩子没有带学习用具，又着急用，可以这样表达："××，我需要借用一下你的橡皮，因为我今天忘记带橡皮了。你能把橡皮借我用用吗？谢谢！"

（3）家长可以创设一些情境，训练孩子的表达能力；也可以让孩子在真实的交往中学会如何准确地表达自己的需求。

道歉没那么难

艾伦·拉扎尔在《道歉的力量》一书中指出，在许多冒犯中，被冒犯的人会觉得自尊或尊严受到了侮辱和贬低，而道歉则是减轻这种侮辱和贬低带来的伤害的最好的办法。

在日常生活中，有些孩子冒犯了别人，由于怕被批评、好面子等原因，不主动道歉，导致同学之间产生矛盾。例如，一个男生不小心把同学的铅笔盒碰到了地上。对方看到了，让他捡起来。这个男生不仅没把铅笔盒捡起来，也没道歉，还大声嚷嚷："它差点儿把我绊倒了，你应该跟我道歉！"就这样，两个孩子争执不下。

那么，如何帮助孩子养成主动道歉的意识呢？

首先，家长要起到良好的示范作用。身教胜于言传，家长平时在与人相处中，如果因为自己的原因影响或者冒犯了别人，要主动道歉。

其次，当孩子做错事的时候，家长要让孩子认识到自己的错误及其给别人带来的影响，引导孩子主动道歉，以获得对方的原谅。同时，家长不要放大孩子的问题，过度"教育"，以免引起孩子反感。否则，孩子可能会为了逃避家长的过度"教育"而推卸责任。

最后，家长要教会孩子一些道歉技巧。

①我很抱歉……（说明因为何事感到抱歉）

②因为……（说明为什么感到抱歉）

③我打算……（说明准备怎样做）

例如，那个男生可以这样说："我很抱歉，把你的铅笔盒碰到地上了。因为我刚刚着急去卫生间，走路太急了。我打算用我的零用钱给你买个新的。你接受我的道歉吗？"

肯承认自己的错误，则错误也就改正了一半。1970 年 12 月 7 日，联邦德国总理维利·勃兰特来到波兰华沙犹太人隔离区，为"二战"时遇难的犹太人敬献花圈。可在纪念碑前敬献花圈后，勃兰特突然下跪并且为在纳粹德国侵略期间被杀害的死难者默哀。这就是著名的"华沙之跪"。"华沙之跪"是联邦德国与东欧各国重修旧好的一座重要的里程碑，并为联邦德国在 1973 年 9 月加入联合国铺平了道路。

道歉，是一种修养，更是一种能力。主动道歉，才能得到别人的谅解与尊重。

求助是一种能力

遇到困难时会求助，也是一项技能。一些班主任感到头疼的事是，孩子在学校里遇到困难与问题不和老师讲，放学回家后才跟家长讲。这样往往会错过解决问题的最佳时机。因此，家长要有意识地培养孩子的求助能力。

首先，家长不要帮助孩子解决或者屏蔽问题，而要让孩子直面问题，并学会自己解决问题；解决不了的，要学会向他人求助。

其次，家长可以与孩子一起模拟相关情景，让孩子掌握求助的方法。

①我需要……（说明需要什么帮助）

②因为……（告诉对方发生了什么事情/为什么要求助）

③我希望……（告诉对方自己的感受和希望对方怎样做）

④表达感谢。

教会孩子选择可以信赖的求助对象，如老师、学长、能力比较强的同学等，而且要及时求助。

例如，不小心在楼梯上摔倒，脚疼得不能动的时候，就要向身边高年级的学长求助：

同学，你能帮我个忙吗？我不小心摔倒，脚不能动了，麻烦你到二（3）班帮我跟田老师说一声，我需要她的帮助。你看行吗？谢谢！

求助是一种重要的生存能力。家长千万不要在孩子向你求助的时候说“这么点儿事也做不好”“怎么这么笨”等贬低孩子的话语。否则，孩子会认为，求助是无能的表现，是很没面子的事情，以后遇到困难就不敢求助了。看到孩子做某件事遇到困难时，家长不要马上去帮忙，而要先引导孩子向家长求助。然后与孩子一起分析，哪些是孩子自己能完成的，哪些需要成人的帮助。最后为孩子提供必要的支持。这才是合理的做法。长此以往，孩子的求助能力就会慢慢得到提升。

懂得拒绝

家长要告诉孩子，别人邀请你参加活动或做游戏时，如果你不喜欢或者不方便去，那么要以别人能接受的方式拒绝。因为不恰当的拒绝方式，可能会引发别人的不满，从而导致与别人发生矛盾。

一天课间，本来非常要好的彤彤和峰峰打起来了。问其原因，原来彤彤想邀请峰峰玩“木头人”的游戏，峰峰有些累了，不想玩，就没有理会彤彤。彤彤以为峰峰默认了，就开始抓他。峰峰生气了，就打了彤彤一拳。彤彤不知道峰峰为什么打自己，但是也不甘示弱，于是他们就打了起来。最后在老师的调解下，两个孩子的误会消除了。

在日常生活中，家长应教会孩子礼貌拒绝别人。可借鉴以下拒绝技巧。

①对不起，我不能……（说明不能满足对方的要求）

②因为……（说明拒绝对方的原因）

③我可以/我希望……（说明可以怎样做或希望怎样做）

④表达感谢。

例如，峰峰可以说：“对不起，我不能参加你们的游戏，因为我有些累了。我可以做你们的观众。等我休息好了，咱们再一起玩。谢谢你的邀请！”

表达歉意，主动说出拒绝的原因，礼貌地拒绝别人，对方往往就能接受。

欣赏他人是一种尊重

欣赏他人，可以体现出对他人的尊重、肯定和鼓励，是人际关系的润滑剂。但是，对孩子来说，欣赏他人却是一项不容易掌握的能力。比如，课堂上，老师表扬了某个同学的某个好做法，立刻就有同学指出这个同学身上存在的问题。

又如，某个同学读课文收获了同学们的掌声，有个同学却说，他中间还读错了一个字呢……

一些孩子经常用挑剔的眼光去观察世界，看到的都是别人的问题，基本不会去欣赏别人。一个人不会欣赏别人，往往也得不到别人的欣赏。那么，家长如何让孩子学会欣赏别人呢？

1. 家长要发挥示范作用

家长要做到真诚地欣赏他人，用自己的言行影响孩子。例如，夸一夸身边的同事："我们办公室的 ×× 特别热心，早上一到单位就把办公室打扫得干干净净，大家都特别喜欢她。在她的影响下，我们办公室的人都会为他人着想。"家长要发挥榜样作用，慢慢引导孩子学会欣赏他人。

2. 家人之间互相欣赏

在家庭日常生活中，家人之间要学会互相欣赏，我们要把自己对家人的欣赏表达出来。例如：

¤ 谢谢 ××，你的厨艺越来越棒了。

¤ ××，你的计划太完美了，这次旅行我非常开心。

¤ 你的字写得越来越工整了，继续加油。

¤ 你的计算速度提高了，你是怎样做到的？

孩子如果经常受到这样的家庭氛围熏陶，能够看到别人的努力、付出和进步，就不会吝啬对他人的赞美。

3. 看见孩子的优势

有的家长为了激励孩子，想为他树立一个学习榜样，就在孩子面前夸别的孩子。没想到适得其反。有的孩子对此十分反感，甚至会说“让他做你的孩子好了”。

毫无疑问，每个家长都希望自己的孩子表现优秀。这没有什么问题，可有的家长喜欢拿自己的孩子和别人家的孩子做比较，关注的都是自己孩子的短板，而看不到自己孩子的长处。这可能会让孩子误认为家长嫌弃自己，而看不到家长对自己的爱，甚至对他人产生嫉妒心理，从而影响人际交往。

家长不仅要看到孩子的优势，还要帮助孩子看到自己的优势，肯定孩子付出的努力，提升孩子的信心。孩子自信满满的时候，就会真诚地欣赏他人，学习他人的长处。

4. 正视孩子的不足

人无完人，每个人都有自己的不足之处。家长要正视孩子的不足，还要让孩子看见自己的不足。当然，家长不要试图通过指责来改变孩子，而要帮助孩子寻找改正的方法和路径。例如，孩子不愿主动做作业，家长不要一味批评、指责，而要和孩子一起分析问题形成的原因，寻找解决问题的策略。家长可以让孩子去了解同学对待作业的态度、做法等，然后和孩子一起制订改进计划。这样孩子才会认识到自己的不足，看到他人的优点，学会欣赏他人。

在陪伴孩子的过程中，家长要有意识地引导孩子学会欣赏他人。欣赏他人是为自己添加力量的良好方式。

礼貌地邀请同伴做游戏

在学校里，我经常听到这样的对话："老师，毛毛打我！""老师，我没打他，我就是想和他玩。"经过了解，我们发现，很多时候孩子之间的矛盾往往是由邀请同伴做游戏的错误方式引起的。毛毛是我教过的一个孩子，他喜欢看动画片《奥特曼》，经常把自己幻想成奥特曼，把同学们幻想成怪兽，在卫生间门口，过来一个同学，他就打"怪兽"，全班男生都被他当成怪兽打过，同学们对他有很大意见。

经过深入沟通我才知道，这个孩子平时跟着年迈的爷爷奶奶生活，老人腿脚不便，不能带孩子下楼玩，孩子入学前经常一个人在家里玩玩具、看书、看电视。孩子最喜欢看的就是《奥特曼》，经常将游戏和生活混淆，又不会用适当的方式邀请同学做游戏，从而引发了与同学之间的矛盾。

因此，家长要帮助孩子学会礼貌地邀请同伴一起做游戏。

首先，帮助孩子学会一些游戏。每天的亲子时间，家长可以和孩子一起玩一些游戏。

¤老游戏类：老虎吃小猪、警察抓小偷、挑棍儿、翻绳、踢毽子、跳皮筋、丢沙包、砸宝、东南西北等。

¤魔术类：简单的魔术游戏，如百变扑克牌等。

¤棋类：跳棋、军棋、五子棋等。

¤数学游戏类：七巧板、魔方、华容道、二十四点、达·芬奇密码、数独等。

…………

孩子学会一些游戏后，可能会有“粉丝”追着他学习这些游戏。这样孩子就能够从中体会到成功的快乐。

其次，与孩子一起模拟情景，让孩子学会礼貌地邀请同伴一起做游戏。

①你好，我想邀请你……（告诉对方你想邀请他做什么）

②这个游戏主要是……（向对方介绍你的游戏）

③你愿意和我一起玩吗？

④谢谢！欢迎你加入我的游戏。

例如，孩子可以这样说：“你好，我想邀请你和我一起玩‘老虎吃小猪’的游戏，游戏规则是这样的……你愿意和我一起玩吗？谢谢！”

最后，家长要多带孩子与同龄人一起做游戏，给孩子创造交往的机会，让孩子在游戏中积累交往经验。

孩子喜欢炫耀，怎么办

开展家长沙龙时，我经常听到家长说孩子特别喜欢炫耀。

案例一：一个一年级的小男孩，只要家里来了客人，他就会把自己喜欢的物品全部拿出来给客人看一遍。在外面和小朋友玩的时候，他也会把自己的玩具高高地举起来，故意围着小朋友走一圈。当小朋友想玩他的玩具时，他又舍不得。

案例二：一个二年级的小女孩，只要家里来了客人，她就会把在学校里学的舞蹈全都跳一遍。家长阻止她，她就会不高兴，甚至会发脾气。

案例三：一个五年级的孩子，见到爸爸的朋友带过来的同龄孩子，上来就问："你会吹萨克斯吗？我从四岁时就开始学习，现在已经过八级了，我还得过 ×× 大奖……"小伙伴觉得没面子，没待几分钟就离开了。

有的孩子会炫耀自己的新球鞋、新铅笔盒……有些家长觉得，对喜欢炫耀的孩子应该进行教育，却不知道该怎样教育。

孩子喜欢炫耀，往往有以下几种原因。

¤孩子炫耀的时候，其实是想得到关注和欣赏。

¤孩子想和别人分享喜悦，但不知道如何做。

¤孩子说话直白，想到什么就说什么，不太在乎别人的感受。

¤孩子比较好强，喜欢事事胜过别人的感觉，过度重视自己的成就和表现，忽略他人的情绪和感受。

对喜欢炫耀的孩子，家长不要批评和指责，而要恰当地引导。

1. 让孩子认识自身的价值

如果孩子感受到被关注、被欣赏、被认同，就会觉得自己是有价值的，就不会总是炫耀。因此，家长要多关注孩子，真诚地欣赏孩子。孩子付出努力的时候，要给予鼓励、认可。孩子自身的价值得到承认后，向外寻求价值感的炫耀行为就会减少。

2. 让孩子学会换位思考

如果孩子的炫耀伤害到他人，家长就要引导孩子换位思考。可以与孩子一起还原当时的情景，让孩子体验一下对方的感受。然后再告诉孩子：炫耀可能会让对方感觉自己的东西比较差或自己的能力不如你，每个人都不喜欢这种感觉。也许你没有那个意思，但听的人会感觉不舒服。所以我们要学会换位思考，与人交流时，要采用对方能接受的态度、表情、语气。

3. 引导孩子做有意义的事情

家长可以带孩子做一些有意义的事情，例如，参加公益活动等，培养孩子的公益意识，这有利于孩子克服爱炫耀的心理。

4. 家长做好示范

父母是孩子的第一任老师。家长的言行会影响孩子的言行。想要孩子不炫耀、不攀比，家长自己首先要做到。

爱炫耀，不仅容易影响朋友间的交往，而且关系到孩子的心理健康。家长要对孩子加以引导，要让孩子明白，每个人都是独特的，每个人都有自己的优势和不足，既不要用高人一等的心态去炫耀自己的优势，也不要因为自己的不足而自卑。家长要引导孩子积极生活，不断学习，友善待人。

孩子爱打人，怎么办

孩子上学后，很多家长总是放不下心，担心孩子受欺负，担心孩子和同学相处得不好，等等。也有部分家长内心忐忑：“今天孩子有没有欺负同学？”

在家长座谈会上，有一位家长谈到孩子属于爱动手的类型，他特别担心孩子会伤到别人，这令他非常焦虑。这位家长说：“我每天送孩子到校门口时都要嘱咐他，别玩踢人的游戏，即使别人踢了你一下，你也要忍着。我既怕孩子受欺负，又担心孩子欺负别人，不知道怎样去解决这样的问题。”

我们先来分析一下孩子爱动手背后的原因。

一是关键他人的错误行为示范对孩子产生了负面影响。关键他人的行为会对孩子产生重要影响。有一个二年级的男孩，和同学发生矛盾的时候，他习惯性地抓同学的脸。我与孩子的妈妈深入沟通，原来孩子在上幼儿园的时候，被比他个子大的伙伴抓过脸，当时家长没有特别在意，认为是孩子之间的小矛盾。没想到，后来孩子也经常用这种方式对待伙伴。这就是孩子的关键他人——小伙伴的行为对他的影响。家长没有及时引导孩子，没有及时制止这种错误行为，致使孩子误认为这是解决矛盾的一种方式，于是就习得了这种行为。

我还接触过一个案例：只要孩子不听从家长的指令，或者被老师反映问题，家长就通过打骂的方式进行教育。家长没有意识到，孩子会效仿他的做法。只要与同学发生矛盾，这个孩子就会打骂对方，认为这就是解决问题的方式。

二是惩罚过多。有些家长对待孩子比较严厉，认为孩子犯错了不惩罚就是在娇纵孩子，害怕对孩子失去控制，害怕没有尽到家长责任，总是想通过惩罚的方式来教育孩子。我们发现，经常受到惩罚的孩子更容易叛逆，甚至更爱动手。

三是暴力反击。如果孩子有被欺负的经历，对此记忆深刻，没有及时得到疏导，走不出这个阴影，他长大有能力时可能就会暴力反击，变得爱打架。

四是不善于表达需求，往往通过动手挽回“尊严”。有的孩子动作发育优于言语发育，当他表达不清自己的需求时，往往会以动手的方式来解决分歧。

五是寻求关注。简·尼尔森、琳·洛特在《十几岁孩子的正面管教》一书中提道：如果孩子的表现让家长特别心烦、恼怒、着急、愧疚，那么，这个孩子可能是在寻求过度关注。有些孩子动手打人，实际上是在寻求过度关注。

六是受影视作品或者电子游戏的影响，有的孩子会把游戏与生活混淆。例如，有个孩子喜欢看《奥特曼》，他就把同学都想象成怪兽，在同学不知情的情况下去打“怪兽”。

家长要具体分析是什么原因造成了孩子爱动手，破译孩子行为背后的密码，然后再寻找合适的教育策略。可以尝试采取以下几种。

1. 制定规则

可以召开家庭会议，共同商议家庭规则，每个人都发表意见，并尊重彼此的意见，为孩子提供被关注和获得话语权的机会。一旦制定好规则，家里每个人都要遵守，以此培养孩子的规则意识。如果孩子违反了规则，家长要温和而坚定地要求孩子重新做，直到孩子做到为止。如果家长能够坚持下去，孩子往往就能学会遵守规则，动手打人的现象自然就会减少。

2. 合理预期

如果孩子的成长没有达到家长的预期，首先，家长要反思自己为孩子制定的目标是否合理。其次，帮助孩子寻找未达到目标的原因，制定一些可实现的小目标，提供一些方法，帮助孩子树立信心。真正的教育，是让孩子成为自己。孩子是自己成长路上的驾驶员，家长要像陪练一样，鼓励孩子勇敢地去操作方向盘，帮助孩子学会驾驶。如果孩子的成长没有达到家长的预期，家长也要发现孩子好的一面并去鼓励他，而不能过多惩罚孩子，尤其不能通过打骂等简单粗暴的方式“教育”孩子。

3. 让家庭生活变得丰富多彩

丰富多彩的家庭生活，不仅可以锻炼孩子的多种能力，还可以增进家人之间的情感，让孩子懂得爱与被爱。在我们的一次家长沙龙上，家长们分享了自己设计的一些家庭活动。

¤家庭清洁日。每个家庭成员都有自己的劳动任务，并用照片记录劳动的场面。

¤家庭故事会。每个家庭成员都分享自己成长中的故事或者书中的故事，并用录音记录所讲的故事。

¤家庭游戏日。家长与孩子分享老游戏，一起创编新游戏，并用视频记录游戏的内容。

¤家庭美食节。每个家庭成员都贡献一道美食，并用视频记录制作美食的过程。

¤“我和春天有个约会”——制作风筝。家里有几口人就做几只风筝，并在风筝上分别画上每个人的画像；一起研究风筝飞行的原理，探究飞行器的发展历程。

¤结合中国传统节日，制作相应的节日礼物。例如，设计灯谜，制作花灯，了解元宵节的来历等。

¤家庭安全日。家人一起检查家里的电器、燃气等是否安全，食品、药品是否在保质期内，等等。

¤家庭出游日。家人一起制订出游计划，每个人都有分工，既享受出游的乐趣，又体会服务他人的幸福感。

丰富的家庭活动，能让孩子体验和家人一起创造生活的乐趣。一个生活在爱里、感受到温暖、懂得感恩的孩子，面对挫折时，他会有更多适当的应对方式，而不会动手打人。

4. 正确引导

当孩子向家长表达受了委屈时，家长要用心与孩子交流，给予孩子正确引导，让孩子学会应对同伴交往中遇到的问题，学会表达自己的需求和心理感受，教给孩子健康表达情绪的方法，并挖掘、赏识孩子的善良。

如果孩子爱动手打人，家长不要焦虑，要学会和孩子一起面对问题，因为这是孩子成长的良好时机。家长要试着读懂孩子，和孩子共同讨论解决问题的方法，还要给孩子留出时间和空间，让他慢慢改变自己。

孩子总是被欺负，怎么办

几乎每次在家长沙龙、家长论坛的互动环节，总有家长会提到孩子被欺负的问题。如果听说班里有孩子爱动手，一些家长更是如临大敌，每天询问自己的孩子："××欺负你了吗？他今天有没有欺负同学？"

如果孩子真的受了欺负，到底该如何处理呢？

一次，一个四年级男生的妈妈向我求助，她的儿子高高大大的，却经常被女生追着打，妈妈感觉很无奈。

我与这个男生及其妈妈、班主任进行了深入沟通。这个孩子在学习上稍显吃力：课上回答问题总是答非所问，作业错题较多。在学校里，有的同学会笑话他，不愿意和他玩；在家里，妈妈经常严厉批评他。孩子因此有些自卑，感觉自己不被人关注和喜欢，即使遇到问题，也不向老师和家长求助。他有个妹妹，他很心疼妹妹，因此和女孩比较亲近。妈妈经常对他说"让着点儿女孩"，所以，有女孩欺负他时，他也会习惯性地让着女孩……

孩子总是被欺负，往往有以下原因。

一是家长对孩子惩罚过多。被欺负的孩子往往受到过成人过多的惩罚。有的是因为学习有困难，家长恨铁不成钢，经常打骂或者惩罚孩子；有的是因为有弟弟或者妹妹，家长一味地让大孩子忍让，如果大孩子没有按照家长的要求去做，就会受到惩罚。过多的惩罚容易造成孩子性格退缩、自卑、胆小或者优柔寡断。

二是父母定的目标过高，孩子达不到，造成孩子自我评价过低，不敢反抗。

三是孩子曾经有被欺负的经历，没有得到合理引导，没有走出过去被欺负的阴影，致使孩子一旦被欺负，就习惯性忍受。

四是家庭氛围不够民主，家长过于强势，孩子不敢反抗。

五是孩子入学前和同龄人接触较少；入学后，因急切地想被同学接纳，害怕失去朋友，而一味地迎合，即使被欺负，也愿意忍受。

六是孩子被欺负后缺乏应对能力，不会表达自己的感受，不会求助等。

首先，家长要找到孩子被欺负的原因，然后要反思自己之前对孩子的教育，并尝试做出改变。

1. 给孩子提供安全的表达环境

要营造民主的家庭氛围，家里每个人都有发言权，都要被尊重。只有让孩子感受到表达环境是安全的，孩子才敢于表达，乐于表达。这样，孩子遇到困难时就愿意跟家长或者老师倾诉。

2. 为孩子设定合理的目标，并指导孩子达成目标

当孩子和我们的预期有差距时，首先，家长要肯定孩子的努力。然后，和孩子一起讨论存在的问题是什么，如何解决问题，搭建脚手架，帮助孩子逐步实现目标。

切记，如果孩子没有达到家长的预期，家长不要一味指责孩子

不用功、不用心，或者使用语言暴力。例如："你看，妈妈为了你把工作都辞了，每天接送你，为你做饭，辅导功课，把时间都花在你身上，你就用这样的成绩回报我！对得起我吗？"这不仅不能帮助孩子解决问题，反而会让孩子产生负面情绪，堵塞孩子与家长沟通的通道，致使孩子自我评价过低。

3. 用"沟通十步法"对孩子进行合理指导

当孩子受欺负向家长倾诉时，家长要耐心倾听，并且合理指导孩子面对问题。

①我看到你现在的样子很难过，能跟我讲讲发生什么事了吗？（听完孩子的描述，抱抱孩子，并说"我很理解你的心情"）

②我小时候也遇到过类似的事情……（讲一个自己小时候发生的故事）

③如果你是当时的我，你准备怎么办？

④我当时是这样做的……如果现在遇到这样的问题，我可以这样解决……

⑤你以前遇到过类似的情况吗？你是怎样解决的？

⑥这次你准备怎样做？

⑦我很支持你。我给你的建议是……

⑧你觉得可能会遇到什么困难？

⑨你需要谁的帮助？

⑩（解决问题之后）反思：你对自己这样解决问题满意

吗？为什么？

家长这样沟通，能够拉近和孩子之间的距离，赢得孩子的信任，从而引导孩子正确处理和解决被欺负的问题。

4. 提供交往机会

多带孩子和同龄人一起玩，让孩子在同伴交往中习得交往技能。同时，家长也可以看到孩子在群体中的行为表现，从而更全面地了解孩子，及时给予孩子交往方面的指导。

5. 引导孩子锻炼身体

家长可以帮助孩子制订户外锻炼计划，让孩子变得强壮起来。身体强壮的孩子，受欺负的可能性较小。

6. 模拟情景

家长可以和孩子一起模拟情景，帮助孩子积累交往经验。

例如，有的孩子很想和同学一起玩，怕同学不理他，于是一味迎合别人，即使受欺负，也不把自己的感受说出来。长此以往，其他孩子就会认为这个孩子喜欢这样。家长可以与孩子模拟情景，引导孩子坚定地表达自己的感受和需求。具体方式为：描述现象——表达自己的感受——表达自己的需要和请求。例如：

¤你在我不注意的时候，用推我的方式和我打招呼，我经常被吓到，有时会摔倒。（描述现象）

¤我当时特别生气，因为我不喜欢这种打招呼的方式。（表达自己的感受）

¤可我还是特别希望和你做朋友。（表达自己的需要）

¤你以后能用“嗨”和我打招呼吗？（表达自己的请求）

这样就给对方传递一个信息：我想和你做朋友，但是这种打招呼的方式我不能接受。当孩子会坚定地表达自己的感受和需求时，受欺负的现象往往就会减少。

7. 及时求助

家长可以告诉孩子，受欺负时，一定要向身边的同学或者成人寻求帮助。

8. 不要教孩子打回去

孩子被欺负了，有的家长情绪比孩子还激动：“别人欺负你，你就打回去，该出手时就出手！”这是不可取的。家长这样要求反而会给孩子施加压力，再遇到类似的情况孩子可能不敢告诉家长，怕家长说他没出息。

另外，有的孩子不善于打架，就在他犹豫出手还是不出手时，可能会招致别人更为猛烈的攻击。

因此，家长应该与老师一起寻求更有效的解决方式。

无论成人世界还是儿童世界，都不存在完美的人际关系。孩子受了欺负，家长要理性、冷静地解决问题。除了帮助孩子解决问题，还要关注孩子的内心，给孩子安全感，让孩子有依靠。孩子的每一次经历都是成长的良好时机，家长要好好把握。

这样的孩子往往朋友多

课间，我们经常看到有的孩子呼朋引伴做游戏，生活丰富多彩；有的孩子静静地坐在椅子上当观众；有的孩子想加入游戏，却总是融不进去……

有的家长也向老师反映：孩子在学校里没有朋友，特别孤独。

我对朋友比较多的一些孩子进行了深入了解，发现这些孩子有一些共同之处。

1. 家长喜欢与人交往

家长比较热情，善于交往，经常邀请朋友到家里聚会。家庭是孩子的第一所学校，家长的行为是最好的教育。孩子耳濡目染，慢慢就学会邀请朋友，学会招待客人，学会照顾他人的感受，等等。

2. 家长重视对孩子交往能力的培养

我曾听过一位家长分享，她的孩子爱交朋友，她非常重视对孩子交往能力的培养。她的孩子每个周末都会邀请小伙伴到家里，而且每次活动都会精心设计，有时制作风筝，有时制作标本，有时制作美食，有时画画，等等。她家就像一个儿童沙龙，孩子们在那里一起探究，一起游戏，非常放松。

这位妈妈讲了一次制作美食的经历。那是孩子上三年级的时候，他们组织了一次美食分享会。

孩子们在一起头脑风暴，讨论、设计美食分享会的活动流程、人员分工和物品清单。孩子们在网上查询食材的价格，预估购买食材的总价，然后向妈妈递交申请，妈妈提供资助。孩子们带着钱到楼下菜市场去买菜，妈妈则在后面保护孩子们的安全。回到家，孩子们各自准备菜品，相互做帮手，需要妈妈帮忙时妈妈再去指导。妈妈的主要工作就是帮忙录制小视频、拍照，给予孩子们鼓励。最后，孩子们自己做出了一桌美食，还在妈妈的指导下把厨房收拾得干干净净、整整齐齐。这样坚持下去，孩子不仅自理能力、交往能力得到了锻炼，还会拥有很多朋友。

3. 善于欣赏他人

善于欣赏他人的孩子往往朋友多。我发现，有一位家长每次放学接到孩子时，都会和孩子一起把马路上的纸屑捡起来扔到垃圾桶里，然后给孩子一个大大的拥抱："儿子，你又做了一件有意义的事情。"在家长的影响下，这个孩子也会及时赞美同学。看到同学把橡皮借给别人，他会赞美："你真有爱心。"看到同学为班里的植物浇水，他会赞美："小花在你的照顾下都'笑'了。"看到老师帮助同学拧瓶盖，他会赞美："老师的劲儿真大……"同学们都非常喜欢和他一起玩，他拥有很多朋友。

4. 乐于与他人分享

一般来说，乐于分享的孩子朋友多。例如，在课间和自主社团时间，我经常看到爱交朋友的孩子把玩具主动分享给同学，并且耐心地教他们怎么玩。

5. 关心他人

关心他人的孩子往往朋友多。同学生病了没到校，他们会让家长拍下自己的笔记发给同学，或者打电话表达关心。同学忘记带学习用具，他们会主动送上……关心他人的人，往往更受欢迎，会收获很多朋友。

6. 主动承担责任

如果冒犯他人，会主动道歉，从不推卸责任的孩子往往朋友多。他们平时也愿意为班级和同学服务，自己的事情自己做，他人的事情帮着做，大家的事情抢着做。

家长如果想让孩子交到更多朋友，就要为孩子创造交往的机会，培养孩子良好的品质，提升孩子的交往能力。

第四章

给孩子高质量的陪伴

孩子的成长只有一次，错过了，是没有机会重来的。因此，家长要珍惜陪伴孩子的美好时光。而高质量的亲子陪伴是最好的教育。

帮助孩子克服分离焦虑

一年级入学时多数孩子过渡顺利，也有一些孩子适应得比较慢，容易产生分离焦虑。

比如，早上，有的孩子在校门口哭闹着不肯进学校；有的孩子每到周日晚上就与家长谈下周一上学的条件……

家长要正视孩子的这种反应，不要训斥孩子，而要注意观察孩子的表现，倾听孩子的想法，与老师沟通孩子的情况，帮助孩子寻找产生分离焦虑的原因。

通过观察、交流与分析，我发现孩子产生分离焦虑，往往有以下原因。

一是与外人接触的机会较少。如果孩子在入学前与外人接触的机会较少，那么面对陌生环境和陌生人的时候，他往往就不知道如何应对，容易产生恐惧心理，造成分离焦虑。

二是对家长过度依赖。有些家长对孩子有求必应，孩子遇到任何困难，都是由家长出面替孩子解决，从而造成孩子过度依赖家长。这样的孩子解决问题的能力往往较差，入学时容易产生分离焦虑。

三是缺少安全感。孩子不听话的时候，有些家长经常这样威胁孩子：“再不听话，就不要你了！”“再不听话，就让老师管你！”“还哭，老师来啦！”……这样会让孩子缺少安全感，对离开父母到学校上学产生恐惧心理，从而产生分离焦虑。

四是缺乏挫折教育。缺乏挫折教育，容易造成孩子心理承受能力弱。比如，有些孩子与小朋友发生矛盾，或受到老师的批评，心理就承受不住，从而产生分离焦虑。

五是自理能力差。自理能力差的孩子很多事情做不好，容易产生失败感甚至自卑，也会引起分离焦虑。

找到孩子产生分离焦虑的原因后，家长要根据孩子的具体情况，使用合适的方法帮助孩子克服分离焦虑。

1. 创造机会，让孩子多与人交往

多带孩子参加户外活动、家庭聚会等，多给孩子创造与外人接触的机会。要注意观察孩子在群体中的表现，适时给予指导。例如，孩子喜欢其他小朋友的玩具，家长就可以教孩子学会表达需求，让孩子自己去征得对方的同意；到商场购物或到公园购票，可以让孩子尝试独立完成任务。家长要创造机会，让孩子学会与各种人打交道，锻炼孩子的交往能力。

2. 鼓励孩子自己解决问题

当孩子遇到困难时，家长可以和孩子一起想办法，鼓励孩子独立解决，而不要代替孩子解决。

3. 正确对待孩子的“不听话”

孩子不听话的时候，不要用威胁、恐吓等简单粗暴的方式对

待。要了解孩子的真正需要，针对孩子遇到的不同情况，为孩子提供帮助。

4. 指导孩子掌握必要的生活技能

孩子入学后要会使用蹲坑；会整理自己的学习用具；会整理自己的衣物，会系鞋带、扣扣子；会拧开水瓶的盖子；会自己取食物；等等。当孩子掌握必要的生活技能时，分离焦虑就会慢慢消失。

5. 帮助孩子克服挑食的问题

挑食也会造成孩子的分离焦虑。孩子的饮食习惯受家庭的饮食习惯影响很大。如果家庭日常饮食比较丰富，青菜、肉类、水果搭配合理，孩子在学校里基本就不会挑食。家庭饮食精致，造成孩子吃饭挑剔，也是导致孩子挑食的原因之一。另外，孩子吃饭时家人照顾得太周到，会导致孩子不知道一些食物怎样才能吃到嘴里。例如，孩子不会自己剥虾、啃排骨、吃鱼等。这样，在学校里吃饭时，孩子遇到不会吃的食物就不吃了，从而给人感觉孩子在挑食。家长要给孩子提供丰富、多样化的食物，吃饭时，尽量让孩子自己动手，帮助孩子克服挑食的问题。

6. 模拟分离情景

家长可以和孩子模拟分离情景。例如，家长安排孩子安静地做一些事，如画画、看书、折纸等。然后告诉孩子，妈妈要去买菜，或者取快递，需要离开半小时……让孩子体验到与家长分开的感觉并不可怕，这样，孩子的分离焦虑就能得到缓解。

7. 设定分离时间

孩子早上去学校前，家长可以拿着手表对孩子说："我们分开的时间并不长。你看，只要时针走过8圈，妈妈就带着你喜欢的玩具来接你了。你在学校里学习，妈妈在单位工作，我们都要加油、努力呀！"下午接孩子的时候，家长要给予孩子肯定。

入学后，家长要关注孩子的情绪变化，并及时与老师沟通孩子在学校里的情况。一旦发现孩子出现分离焦虑，就要一起分析原因，教给孩子应对的办法，帮助孩子克服分离焦虑，顺利度过入学适应期。

你也可以培养出见多识广的孩子

一些家长过于重视学科知识学习，而忽视了孩子其他习惯和能力的培养。

案例一：二年级的几个孩子把用过的作业纸卷成尖尖的形状，将其当作“武器”在楼道里互相攻击。

老师看到了，在班里教育孩子们：“我听说有个小朋友玩这种游戏时，不小心伤到了一个同学的角膜。这个游戏不适合在人员密集的教室和楼道里玩，换个游戏吧。”

毛毛同学立即说：“老师，怎么会碰到角膜呢？我们不会攻击同学那么低的位置，碰不到角膜。”

老师意识到了问题，问他：“你知道角膜长在哪儿吗？”

毛毛疑惑地说：“角膜不是长在脚上吗？”

毛毛的话引得全班同学哄堂大笑，老师适时为孩子们上了一节“人体器官”课。

案例二：老师组织孩子们召开“长大后我要成为你”的主题班会，同学们纷纷发言，阐述自己长大后想成为什么样的人或者从事哪种职业，还列举了很多名人。

毛毛说：“你们说的很多人名和职业我都不知道，我就希望自己做个好学生，将来考上好中学、好大学。”

学校里，像毛毛这样的孩子不在少数。他们在与同伴交往时，往往缺少与同伴交流的话题，不能很好地融入群体；阅读能力较差，甚至读不懂题意；知识面狭窄，容易自卑。

后来我约毛毛的家长到学校里聊一聊，我们聊了三个话题。

①孩子放学回家后谁陪伴较多？一般陪伴的方式是什么？

②每天与孩子沟通的话题是什么？

③孩子课余时间喜欢做什么？

毛毛的妈妈说，为了孩子上学，她把工作辞了，全身心陪伴孩子；孩子做事比较拖拉，每天需要妈妈花很长时间盯着学习，所以沟通的话题就是学习方面的；晚上学习完，孩子基本上没有时间做其他事情。

谈话结束后，我突然有些可怜这个孩子，能理解他的言行，也能理解他为什么拖沓了。他的生活是多么单调！每天除了学习就是学习，根本没有自我思考、自主安排的时间，也没有多方涉猎知识的时间。

陪伴质量比陪伴时间更重要。家长要给予孩子高质量的陪伴，不仅要重视学科知识学习，还要让孩子见多识广。

1. 每天和孩子讨论一个话题

家长可以每天设计一个话题。话题的选取原则如下。

¤ 对孩子的成长有益。

¤ 有讨论价值。

¤ 孩子比较感兴趣。

¤ 适合孩子的年龄。

话题可以来源于时事新闻、自己身边发生的事、阅读的图书、观看的电影等。

以女儿上初二时我们家的一次讨论为例。

妈妈：我今天听到一个故事。一个小女孩得了白血病，她爸爸的朋友帮助这个家庭筹得了一些捐款。后来有人爆料：她家有三套房子、一部车子，医药费20多万，他们完全能够承担，为什么还需要向社会筹钱？你们怎么看？

爸爸：对弱者要有同情心，但是我不希望同情心被人利用，否则会导致信任危机。

女儿：我们享受了社会福利，如公共交通、医疗保险等，也应该回馈社会，帮助他人。但是，我们要先甄别募捐信息，再去做慈善。

妈妈：慈善种类很多，你更愿意做哪种慈善呢？

女儿：我特别想扶助一个比我小很多的贫困学生，等我挣钱了，我希望靠自己的力量去资助他。

这样的谈话可以拓宽孩子的视野，增长孩子的见识，还有利于建立和谐的亲子关系。家长应根据具体情况，选择合适的话题。

2. 和孩子一起制订学期计划和每日生活计划

除了让孩子学习学科知识外，还要丰富孩子的课余生活，拓宽孩子的视野，增长孩子的见识。因此，要对孩子的生活进行规划。

可以召开家庭会议，全家人一起讨论、制订学期计划和每日生活计划。计划制订后，全家人要共同遵守，不能只要求孩子遵守。

每日生活计划可以包括习惯养成、学习、阅读、家务劳动、亲子活动、户外锻炼等。如果家长想给孩子额外增加学习内容，要在这里列出来，并且征得孩子同意，而不要随意增加。

学期计划可以包括阅读整本书、参观博物馆、参加户外运动、看电影、看演出、家庭美食日、家庭清洁日、家庭旅游周、家庭纪念日等。要从时间和家人的精力方面全面考虑，不要心血来潮安排很多活动。如果实现不了，会影响孩子对家人的信任。

阳光自信的孩子如何养成

阳光自信的孩子往往能够看见自己的长处和不足，有稳定的情绪，有良好的人际关系，有良好的心态，充满正能量。

那么，如何培养出阳光自信的孩子呢？

1. 民主的家庭氛围是培育自信的沃土

家长要营造民主的家庭氛围。每个人都要耐心倾听家人的声音，彼此尊重，即使有不同意见，也要心平气和地提出来，在家庭会议上大家一起讨论。家长不要马上否定孩子的想法，要多问问孩子为什么，给孩子表达的机会。只有家里的表达环境是安全的，孩子才敢说，才愿意说，自信就是这样一点儿一点儿养成的。

2. 自信从大声说话开始

有些孩子因为性格原因，不愿意大声说话。家长可以根据孩子的特点，用合适的方法引导孩子大声说话。例如，与孩子一起大声朗读课文、讲故事、唱歌等，录下来发给不在身边的亲人，获得亲人的点赞，以增加孩子的自信。

3. 鼓励孩子靠近权威人物

谁是权威人物？

家里总有一个主导者，这个主导者就是家里的权威人物。鼓励孩子先想好自己的需求，然后向家里的权威人物清晰地表达自己的需求。在不违反原则的前提下，家里的权威人物要多赞赏、鼓励孩子。

如果孩子喜欢数学，那么，在学校里，数学老师便是他心中的权威人物。如果孩子做的数学小汇报特别好，被数学老师邀请在本班或者到其他班级演讲，那么他的自信心就会大大增强。

此外，在孩子心中，校长往往是校园里最权威的人物，家长可以鼓励孩子与校长合影，或把自己的小故事讲给校长听，以增强孩子的自信。

4. 正确鼓励、管教孩子

提高孩子的自信心，需要家长的及时鼓励。但是在日常生活中，一些家长经常纠正孩子的错误，而缺少必要的鼓励。因此，家长要留心观察孩子的优点和好的行为，及时给予鼓励。

（1）鼓励要具体，态度要真诚。例如："帮助小弟弟把很重的物品提上楼梯这件事你做得很好，你好有爱心哦！"

（2）看到孩子的好行为，要马上鼓励。可以写一封简短的信放在孩子看得到的地方，也可以抱一抱孩子，给孩子一个大大的"赞"。

如果发现孩子出现问题，家长可以尝试这样去管教孩子。

（1）运用积极而正向的语言。管教孩子要有建设性，避免使用"不要"这样的词语。例如，避免说"不要再去打人了"，这种表达是在强化孩子打人的动作，不会起到积极的作用。可以这样说：“愤怒是正常的情绪，但要学会用健康的方式表达愤怒的情绪，如大声告诉对方你的感受、跑步、听音乐、和朋友倾诉等。”

（2）避免使用标签化语言。例如，不要说“你总是丢三落四”“你就知道玩，从来不主动学习”等，经常使用这样的标签化语言，会给孩子带来很大的负面影响。家长可以这样说：“今天记得把作业带回来，记住自己该做的事情。”这样的语言会正强化孩子的行为。

（3）接纳孩子的感受。有时家长为了不让孩子哭泣，会去安慰或者指责孩子，而忽略孩子当时的感受。其实，家长首先应该听听孩子的感受，再去帮助孩子解决问题，可以使用前面提到的“沟通十步法”。

（4）设立清晰的规定。家长设立清晰的规定后，要安静地等待孩子按照规定做事，不要多次重复提醒。

（5）让孩子学会感恩，并且及时表达感谢。孩子入学后，时常会得到别人的帮助，家长要教会孩子表达感谢。比如：“今天你没带文具，妈妈也没给你送，你是不是借了小朋友的？你一定要谢谢他。”懂得感恩的孩子更受欢迎。

阳光自信的孩子更加健康快乐，往往更受欢迎，未来也更容易成功。家长采用合适的方法，才能培养出阳光自信的孩子。

如何让孩子摆脱“玻璃心”

在学校里，我接触过一些心理素质差、敏感脆弱的孩子。

例如，一个孩子和伙伴闹了矛盾，整日以泪洗面，不肯上学；一个孩子考试没考好，把试卷撕得粉碎，趴在桌子上不作声；一个孩子没有选上优秀学生，回家后大哭一场，不肯去上学；一个孩子能力非常强，经常受到表扬，进入舞蹈团后，因为压腿压不下去，自认为被同学“嘲笑”，于是退出舞蹈团。

孩子容易“玻璃心”，往往有以下原因。

一是对自己的错误认知。家长的过度表扬和过度批评都容易导致孩子对自己的错误认知。

家长对孩子过度表扬，容易让孩子高估自己的能力。一旦看到真实的自己和预期有差距，孩子就可能接受不了。

而家长经常批评孩子，则容易使孩子自我评价过低。一旦遇到事情，孩子容易自责和内疚，经常处于紧张状态，承受不了时，往往就会爆发。

二是家长过分溺爱孩子，导致孩子过度依赖父母，很多事情无法独立完成。这样，当他在群体中表现出自己的弱势时，往往就无法承受挫折。

三是家长给孩子设定的目标过高，孩子达不到，动机受阻，产生挫败感。

孩子容易“玻璃心”，那么家长该如何应对呢？

1. 引导孩子全面认识自己

家长对孩子的评价要客观，还要引导孩子客观认识自己。对孩子的优点，家长要多给予肯定；对孩子的缺点，家长要正确对待，既不要掩盖，也不要揪住不放，甚至把它放大。否则，就会导致孩子自我评价过低，丧失自信，产生挫败感。

2. 给孩子设定恰当的目标

给孩子设定的目标可以分为长远目标和近期目标。近期目标应是具体的、可衡量的、在短时间内可达到的。只要孩子达到了，就肯定孩子的努力，和孩子一起寻找成功的秘诀；如果和目标有差距，就反思没有达到目标的原因，再调整目标或者改变方法。

3. 让孩子学会正确归因，增强抗挫折能力

面对容易自责、内疚的孩子，要让他学会正确归因。多与孩子分析他成功和失败的原因。家长可以讲讲自己小时候发生的类似的事情，让孩子把挫折当成成长练习，增强孩子的抗挫折能力。

4. 培养孩子的兴趣

家长可以陪伴孩子阅读名人传记，欣赏充满力量的音乐，参加体

育运动等。孩子有了感兴趣的事情后，挫败感往往就能慢慢消除。

5. 为孩子准备留言本

家长可以准备一个留言本。孩子不想口头表达的时候，就可以写下来和家人交流，家人也可以在留言本上回复孩子。这是疏导孩子不良情绪的良好方式，能让孩子变得更加理智。

6. 耐心开导孩子

当孩子向你倾诉他遇到的挫折和困难时，家长要耐心开导孩子。

要让孩子认识到，遇到同样的事情，可以选择不同的心态去面对。以乐观的心态去面对，就更容易战胜挫折。

对敏感脆弱的孩子，家长要找到原因，采取适当的方法，让孩子内心变得强大起来，摆脱“玻璃心”。

如何让孩子不再顶嘴

很多家长发现，随着孩子逐渐长大，孩子变得喜欢顶嘴。这是什么原因造成的呢？

一是有些家长不尊重孩子的成长规律，“唯分数论”。他们总是强迫孩子按照自己认为对的方式去做事情，没有站在长远发展的角度去看待孩子的成长，造成孩子的“反抗”。

二是不允许孩子犯错。每个人在成长过程中都会犯错。可有些家长把孩子的错误与失败等同起来，不允许孩子犯错。只要孩子犯错了，家长就揪住不放，从而造成孩子的“反抗”。

三是家长喜欢唠叨，这容易导致孩子顶嘴。

四是缺乏民主的家庭环境。有的家长很强势，剥夺了孩子的话语权，不尊重孩子的意见和看法。

一些家长工作繁忙，回到家后身心疲惫，经常训斥孩子，不能耐心倾听孩子，造成亲子关系紧张，引发孩子与家长顶嘴。有些家长因没时间陪伴孩子而产生亏欠心理，一味满足孩子，使孩子缺失约束，不懂礼貌。

孩子喜欢顶嘴，家长该怎么办呢？

1. 释放压力

家长不要过度压抑自己，而要及时跟孩子表达内心的感受。当自己处于疲劳状态时，可以听听音乐、进行户外运动等，给自己释放压力。然后在放松的状态下与孩子沟通。

2. 尊重、理解孩子

有时孩子顶嘴其实是在告诉我们，他希望被看见、被尊重、被理解！

孩子小的时候，家长采用命令、告知的口吻和孩子说话，甚至一遍一遍地重复，孩子可能不会“反抗”。而随着孩子慢慢地长大，他渐渐希望自己的时间自己安排，自己的意见得到采纳，和他有关的事家长和他商量，等等。此时，家长需要调整自己的沟通方式，由命令式转成协商式，把孩子当成朋友。对孩子的正确想法或意见，要及时肯定。要站在孩子的角度思考问题，给孩子表达的机会，让孩子感觉到被尊重、被理解。

3. 好好说话，营造良好的家庭氛围

父母是孩子的榜样。父母说话有商有量，心平气和，幽默风趣，不抬杠，不互相揭短，孩子往往就能养成好好说话的习惯，就不会总是顶嘴。

家长要耐心倾听孩子，分享孩子的喜悦，理解孩子受挫时的不安和局促，用孩子能接受的方式表达关心，给予孩子安全感和信赖感。

4. 采取多种沟通方式

有些事家长不方便与孩子直接沟通，可以用写小纸条、画画、讲故事或者看电影等方式进行沟通，这样孩子比较容易接受。例如，我的一位朋友发现女儿早恋，就推荐她看了两部电影——《朱诺》（*JUNO*）《初恋这件小事》。不用说教，孩子就知道了如何处理自己的这段“感情”。

孩子喜欢顶嘴，折射出家庭教育问题。家长要根据孩子的具体情况，采取有效方法，帮助孩子改正这个不良习惯。

孩子偷拿别人的东西，可以这样处理

一位刚刚入学一个月的一年级新生的家长焦虑地跟我讲，孩子书包里每天都会有一些“外来物品”，比如铅笔、橡皮、尺子等。家长特别担心孩子“偷”别人的东西。

这种现象在一年级孩子当中并不是个例。我们来追溯一下孩子产生这种行为的原因。

还记得孩子很小的时候穿着爸爸妈妈的鞋满屋跑吗？还记得孩子经常打开父母的抽屉，想看看里面究竟有些什么东西吗？还记得孩子拿着妈妈的围巾做披风吗？

你当时是不是被孩子滑稽、可爱的样子逗得哈哈大笑？有的家长会忽视孩子这个关键成长期，而有的家长不知道借这个机会帮助孩子区分你的、我的、他的，从而帮助孩子建立边界意识。

“这是爸爸的鞋，要先征得爸爸的同意呀！”当孩子说“爸爸，我想穿你的鞋”时，爸爸可以这样温和地说。

别看简单的一句话，久而久之，孩子就学会了尊重他人，就能区分哪些东西是自己的，可以随便使用，哪些东西是他人的，要征得别人的同意才能使用。

很多低年级小朋友并没有“偷”的概念，因为缺少边界意识，他们很喜欢别人的某个物品就会拿过来。

这时就需要家长的正确引导。家长可以尝试这样做。

边把孩子书包里的物品拿出来边说：“这是你的铅笔盒，这是你的语文书，这是你的作业本……”当拿到“外来物品”的时候，孩子可能会说：“这是 ×× 的橡皮……”家长可以问一问：“呀！ ×× 的橡皮找错家了，怎么跑到你的书包里了？”孩子可能会说：“这个橡皮多可爱，我也想要一个。”家长可以这样说：“这是 ×× 的橡皮，你要征得他的同意才可以借用，不能悄悄拿走。×× 没有橡皮用，一定很着急，明天把它送回家，好吗？等你这块橡皮用完了，我送给你一块相同的，好不好？”

遇到这样的问题，首先，家长要帮助孩子区分你的、我的、他的，让孩子建立边界意识。其次，引导孩子换位思考——当你把别人的东西拿回来时，别人会很着急。最后，让孩子学会控制自己的欲望，延迟满足孩子的需求。

我还遇到过一个四年级的男生，他经常把同学的物品藏起来。经过深入了解，我们发现这个男生希望通过这种恶作剧的方式赢得同学和老师的关注。也有的孩子因为与别人发生过矛盾，就想通过拿别人的物品来惩罚对方。无论哪种行为，都要引起家长的重视。家长要用心与孩子沟通，帮助孩子打开心结，让孩子学会用正确的方式解决问题，改掉拿别人东西的毛病。

心平气和地辅导孩子的功课

“不写作业母慈子孝，一写作业鸡飞狗跳”，很多家庭在真实地上演这样的场景。有的家长每天拿着棍子督促孩子学习；有的孩子一提到写作业，就开始谈条件，写作业可能只用了半个小时，而谈条件则用了一个半小时；有的孩子一提到写作业，就钻到桌子底下不出来……

为什么会出现这些情况呢?

一是因为家人对孩子的要求不一致。有人对孩子的学习有规划，有要求；有人认为自己小时候就没有人管，也成长得很好，不需要对孩子有那么多要求。因此，一方要求孩子学习，一方成为孩子的“保护者”，从而造成“鸡飞狗跳”的局面。

二是因为家长对孩子的期待很高。家长对孩子寄予厚望，希望孩子能够多学一些东西。孩子每天除了完成老师布置的家庭作业外，还要完成家长布置的课外作业。家长为了帮助孩子抢时间，不停地催促孩子，因此会出现“鸡飞狗跳”的场景。

三是因为孩子缺乏良好的学习习惯。家长忽视了对孩子学习习惯的培养，使得孩子没有养成良好的学习习惯，不能静下心来学习，需要家长在一旁陪伴、督促。

四是因为家长做了错误示范。例如，有的家长一边陪孩子写作业，一边看手机。这对孩子会产生不良影响，造成孩子注意力不集中等问题。

那么，怎样避免这种现象发生呢?

1. 家庭成员达成教育共识

关于孩子的教育问题，每个家庭成员（包括孩子自己）都要发表自己的观点。在彼此尊重的前提下，对达成共识的内容，要列出清单，要有目标，有计划，有具体做法。家庭成员都要按照约定执行，不管是谁陪伴孩子，都要做到目标一致、规则一致、言行一致，以帮助孩子养成良好的学习习惯，规范孩子的行为。

2. 将大目标分解成小目标

家长对孩子寄予厚望无可厚非，但是不要攀比，不要急功近利。可以把大目标分解成一个一个小目标，并告诉孩子如何做才能实现小目标。孩子在实现一个一个小目标后，就可能实现大目标。在这一过程中，孩子的学习能力会得到提高。

3. 营造良好的家庭学习氛围

家庭成员可以共同制定家庭作息时间表，在孩子的学习时段，让家里静下来，孩子做孩子的事，家长做家长的事，营造浓郁的家庭学习氛围。

4. 鼓励孩子独立思考，适当给孩子“留白”

有的家长把孩子的时间安排得很满，甚至按分钟计算。这是不可取的。要适当给孩子“留白”，每天给孩子一些自主安排的时间，让孩子有时间放松，有时间思考一些自己感兴趣的问题等。这样孩子可能就会心平气和地去完成固定的学习内容，而不会出现“鸡飞狗跳”的场景。

5. 正确对待孩子学习上的问题

有些家长在辅导孩子作业的过程中，总是希望孩子是“完美”的，看不得孩子出现错误或者问题。没有一个孩子在学习过程中不出错，孩子就是在试错的过程中成长起来的。家长要正确对待孩子学习上的问题。

例如，孩子刚刚练习书写时，写得不美观或者不够用心，有的家长会把作业擦了，让孩子重写；有的家长会把作业撕掉，让孩子重写；有的家长则冲孩子发一顿脾气。其实，家长应控制自己的情绪，不要训斥孩子，而要指导孩子用积极的态度完成作业。可以让孩子把写得好的字圈出来，并讲一讲为什么这些字写得好，帮助孩子寻找成功经验。然后让孩子看看哪些字写得不够好，可以怎样改进，再写几个试试。家长可以借机肯定孩子的努力，认可孩子的进步。这样，就能赢得孩子的合作。

如果孩子的作业中错题较多，家长也不要“恨铁不成钢”，冲孩子发脾气，抱怨孩子；或者为了节省时间，上来就给孩子讲题。为了帮助孩子学会独立思考，构建自己的知识脉络，家长要鼓励孩子讲述解题过程，在孩子讲题过程中家长就能发现孩子的问题所在，然后引导孩子寻找解决问题的路径，例如回忆课堂上老师和同学的讲解、到教材中寻找解题思路等。这样不仅可以加深孩子对知识的理解，提高孩子的表达能力，还能增加孩子的自信心，避免孩子产生依赖心理。当孩子自己解决问题时，家长要及时给予认可和鼓励，以提升孩子的学习积极性和主动性。

总之，当家里出现“一写作业鸡飞狗跳”的场景时，家长要先从自身寻找原因，从自身开始改变，心平气和地辅导孩子的作业。

孩子收到了“小纸条”，怎么办

青春期是人生最美妙的时期。我们在这个花一样的年纪做了什么？在她不注意时，揪一下她的辫子；每天都在寻找那个熟悉的身影，一看到他出现就心跳加速，把他想象成白马王子……

为什么当这么美妙的事情降临到孩子身上时，家长就感到恐惧呢？

在“好老师进社区”现场，一位妈妈向老师们提问：“孩子现在上五年级，班级的老师说，孩子们已经渐渐进入青春期，班上已经有孩子开始写‘小纸条’了。家长应该怎么跟孩子聊这事？万一孩子收到了‘小纸条’，该怎么应对？”

孩子进入青春期，家长要注意以下几点。

1. 尊重孩子之间的纯真友谊

我曾经听过一位家长讲述“带着孩子去约会”的故事。她的孩子上六年级，有一次周末下午，孩子的手机放在外面，妈妈看到一位男生发来微信：“我到 ×× 大学操场跑步，你也来吧，咱们一起？”妈妈当时浮想联翩，但是控制住了情绪，没有跟孩子提及此事，想看看孩子怎样做。等孩子出来，她看到微信，就跟妈妈说：“妈妈，我想跑步了。”妈妈说：“去吧，妈妈希望你多一些体育锻炼。”孩子又跟妈妈说："您能送我去吗？"妈妈说："正好我现在没事，可以和你一起去，去哪儿？"孩子说："我想到 ×× 大学操场跑步，你送到门口就行。"妈妈欣然答应了。带着孩子到达大学门口，孩子下车去操场，妈妈停好车后也溜达着走进去，看到女儿和两个高个子男生一起跑，其中一个跟女儿边跑边聊。妈妈就坐在不远处边看书边等女儿。等孩子跑完步过来，看到妈妈坐在椅子上，并没有感到惊讶，她跟妈妈说："您也进来啦，刚刚看到和我一起跑步的男生了吗？他就是坐在我后面的男生，我们是非常不错的'聊友'。"妈妈很惊讶："什么是'聊友'？"孩子解释："就是很谈得来，但不是男女朋友那种，只是一起聊天而已。"

一般来说，这个年龄段的孩子之间的友谊很单纯，值得孩子好好珍惜。孩子们很可能只是一起学习，一起跑步。家长不必过于紧张，可以和孩子聊聊班里的男生、女生，分享自己的初恋，以及现在对初恋的态度等，对孩子进行正确的情感引导。家长过于紧张，反而会让孩子更加敏感，不愿意和父母聊心事。如果孩子感觉家里缺少安全感，可能就会把安全感寄托在外人身上。因此，家长不要刻意强化谈恋爱的事，应该尊重孩子，正向引导。

2. 每天聊一个话题，引导孩子树立正确的"三观"

进入青春期的孩子，世界观、人生观、价值观在逐渐形成。为了避免说教，家长可以每天跟孩子聊一个话题，引导孩子树立正确的"三观"。可以聊一些关于异性朋友的话题，了解孩子的想法，给予孩子正确引导。婚姻是一般人都要经历的，让孩子在青春期学习如何与异性接触，对孩子理解未来的婚姻能起到正向、积极的引导作用。

3. 陪伴孩子进行青春期阅读

周国平先生在《青春期的阅读》一文中写道："荷尔蒙所酿造的心酒是那么浓郁，醉意常在，万物飘香。随着春心萌动，少男少女对世界和人生都是一种恋爱的心情，眼中的一切都闪放着诱人的光芒。在这样的心情中，一个人倘若有幸发现了一个书的世界，就有了青春期最美妙的恋爱——青春期的阅读。"

家长可以陪伴孩子进行美妙的青春期阅读。比如，可以读《亲爱的安德烈》《撒哈拉的故事》《七个心理寓言》《有一天啊，宝宝》等。

青春期是一个人精神生长的关键期，也是养成阅读习惯的关键期。通过青春期阅读，孩子能发现一个丰富多彩的精神世界，品尝到在这个世界里漫游的快乐；能拓宽视野，走出青春期的迷茫。

孩子收到"小纸条"时，家长不要被吓到，而要理智应对，和孩子进行有效沟通，倾听孩子分享自己的快乐与烦恼，引导孩子正确认识异性交往，帮助孩子顺利度过青春期。

多孩家庭的教育，要注意什么

随着三孩生育政策的实施，很多家庭都拥有两个或三个孩子。在“多孩家庭的教育”的家长沙龙上，有的妈妈自责：“我的时间分配不开，对不起正在上二年级的儿子。”有的妈妈抱怨：“大的小的都需要照顾，管得了老大的学习，就管不了老二的生活。满足了老二的需求，一不小心就忽略了老大的情绪。”有的妈妈感叹：“我每天都手忙脚乱，不是在‘断案’，就是在‘断案的路上’。”

多孩家庭的教育，要注意什么呢？

1. 让大孩子帮助照顾小孩子

让大孩子帮助照顾小孩子，可以培养大孩子的责任心。例如，家长可以把玩具和吃的东西等交给大孩子，把决定权交给大孩子，让其担负起哥哥姐姐的责任。

第一次，大孩子可能自己玩玩具或者把东西都吃掉了。没关系，家长不要着急，而要和善地告诉孩子：“想想我们是怎样照顾你的，你就应该怎样去照顾弟弟妹妹。”慢慢地，大孩子就会学着大人的样子去照顾弟弟妹妹。

在一次家长沟通会上，一位妈妈讲述了一件感人的事。因为疫情，爸爸不在身边，妈妈独自带着一个八岁的姐姐和一个两岁的妹妹。在妈妈上班时间，姐姐下了网课后，就担负起照顾妹妹的责任，照顾妹妹吃饭、睡觉，陪妹妹玩。一个学期下来，姐姐不仅学会了自主管理时间，还学会了担当，拥有了独立解决问题的能力。妈妈特别自豪地说，姐姐照顾妹妹比爸爸都更有耐心、更细心，给妈妈解除了很多后顾之忧，这是之前没有机会让孩子学习的。

其实，只要家长肯放手，孩子的成长是清晰可见的。

2. 教会小孩子感激大孩子

家长可以更多地给大孩子讲故事，再由大孩子讲给弟弟妹妹听。这样，大孩子不仅会将故事内化于心，还会锻炼表达能力，变得更加自信。有一位家长分享了自己的经验。她经常拉着妹妹的手，告诉孩子要感激哥哥："你看哥哥多爱你，给你讲故事，陪你听音乐，陪你玩，和你分享好吃的食物……快去谢谢他。"妹妹经常给哥哥一个拥抱。还可以让小孩子向大孩子学习，这样，大孩子就会感觉到被认可、被尊重，就会有成就感。

3. 鼓励孩子们合作

竞争是多子女家庭永恒的主题。孩子们经常会进行爱的争夺和物的争夺。这是很正常的，家长不必焦虑。但这并不意味着除了竞争之外没有合作。看到孩子们有初步合作意识时，家长一定要给予鼓励，甚至可以放大表扬。对孩子们的合作行为，还要给予奖励。

4. 给孩子们安全感

多孩家庭的父母尤其要注意公平地对待孩子，让孩子们看到他们在父母心中的地位是相等的。

我曾经接触过一个案例。哥哥上一年级，弟弟一岁多。妈妈突然发现，哥哥经常尿裤子，让妈妈给他换；妈妈不喂他吃饭，他就不吃了；夜里无缘无故地找妈妈陪睡；等等。哥哥本来是非常独立的孩子，突然出现这些反常的举动，这让妈妈开始焦虑起来。这位妈妈来找我，是想了解孩子在学校里的情况。可是，我在学校里看到的还是那个快乐、爱思考的孩子，没有发生任何变化。

通过分析，我们才发现，因为哥哥比较独立，妈妈很放心，就把更多精力用在陪伴弟弟上，对哥哥有些忽视。这让孩子缺乏安全感，开始与弟弟争夺妈妈的爱，所以才有了上述反常行为。

我建议妈妈回家后与孩子好好谈谈，告诉孩子，你这样大的时候，妈妈也是这样照顾你的，现在弟弟出生了，爸爸妈妈对你和弟弟的爱是一样多的……

后来这位妈妈告诉我，当她把这些话说给哥哥听时，哥哥马上说："我可以百分之百地爱弟弟。"后来，爸爸协调了自己的工作，能更多地陪伴哥哥，妈妈则把主要精力放在弟弟身上，两个孩子能够和平相处。

5. 看到孩子们真实的需求

不同的孩子有不同的需求，家长要关注孩子们的真实需求。例如，大孩子外向开朗，小孩子安静柔弱。发生矛盾时，大孩子或许最想倾诉，小孩子或许最想让妈妈抱抱。此时，家长可以抱着柔弱的孩子，倾听外向的孩子诉说。孩子们的需求都得到满足后，就容易化解矛盾了。

养育子女，是父母的一场自我修行。在多子女家庭中，父母尤其需要智慧地处理问题，给孩子们提供健康和谐的成长环境。

孩子爱眨眼睛、耸肩，怎么办

经常听到家长反映：孩子平时总是喜欢眨眼睛、耸肩，越提醒，孩子的表现越强烈。

有时在课堂上，我也会看到孩子存在这样的现象。为什么会有这些现象发生呢?

我曾经用一个学期的时间来调查一个爱耸肩的孩子，以寻找孩子耸肩背后的原因，我发现，他爱耸肩是由情绪紧张和焦虑引起的。

这个孩子的父母工作比较忙，他们日常陪伴孩子的时间较少，家里有一位阿姨照顾孩子的饮食起居。孩子的学习是由妈妈负责的，妈妈基本上每天晚上 7 点半才能到家。

孩子放学后，按照妈妈为他规划的作息时间，先完成预习、复习，然后自主安排时间。妈妈回到家后会对孩子的预习、复习情况进行全面检查，比如检查课本、作业本、练习册、试卷等。妈妈对孩子的期望比较高，如果孩子当天的学习任务完成情况离妈妈的预期差距比较大，妈妈就会非常严厉地训斥孩子。同时，妈妈如果认为孩子哪项作业完成得不够好，就会要求孩子重写一遍，然后从练习册中选一些题目让孩子完成。妈妈的想法是，希望在陪伴孩子的有限时间里，帮助孩子养成良好的学习习惯。但是，妈妈忽略了一点——这种陪伴方式孩子是否接受，是否有效果。

爸爸妈妈本身都非常优秀，希望自己的优秀基因在孩子身上传承，对孩子要求较高，可是自己不能时时陪伴在孩子身边，因此给孩子提了很多要求，制订了详细的计划，盼望孩子养成自主学习的好习惯。然而，孩子毕竟是孩子，缺少成人的陪伴和指导，要实现家长制定的目标，还是有难度的。因此，家长就把这种纠结和自责的复杂心理转化为情绪发泄到孩子身上。妈妈在家中又比较强势，听不进家人的意见，夫妻二人经常通过争吵的方式解决问题，使得孩子一见到家长就会高度紧张，怕因为自己做错什么而引发父母争吵。因此，每当妈妈检查自己的学习情况时，孩子就非常紧张和焦虑，从而出现眨眼、耸肩等现象。慢慢地，孩子在学校里回答问题、老师面批作业时，也会出现这种现象。

那么，怎样帮助孩子缓解这种现象呢？

一是要带孩子去医院检查，排除生理问题。

二是要营造民主的家庭氛围。家庭氛围对缓解孩子的紧张、焦虑情绪有很大的作用。成人之间交流时要心平气和，遇到问题时可以召开家庭会议，倾听家人的想法，共同想办法解决，不抱怨，不指责，尊重彼此的意见，选取最佳解决方案。成人与孩子沟通时，也要尊重孩子的想法，避免用家长的“权威”去管制孩子，要信任孩子，肯定孩子的努力，通过帮助孩子寻找成功经验来激励孩子，保护孩子的好奇心，帮助孩子树立主动成长的信心。

三是要接纳孩子的不完美。小学阶段正是孩子探索和尝试的阶段，他们在成长的路上会不断犯错，不像家长预想的那么完美。家长要接纳孩子的不完美。犯错是孩子成长的良好时机。家长要做的就是陪伴、倾听、引导、支持和帮助。如果父母不能长时间陪伴孩子，那么，可以给孩子安排一些通过努力可以完成的学习任务。父母评价孩子的时候，也要看到孩子的努力和完成质量较好的地方，帮助孩子寻找成功经验。然后引导孩子对完成得不够好的部分进行修正，关注方法的引导，重视习惯的养成。

四是与孩子一起讨论、制定合适的成长目标。孩子的成长，有很多可能，很多时候他们并不是按照家长预设的样子去发展的。既然是孩子的成长目标，就要让孩子参与进来，而不是由家长一厢情愿地为孩子做规划。家长要根据孩子的现状，与孩子一起讨论、制定适合孩子的发展目标。可以按照长期目标、中期目标和短期目标来规划，然后通过家庭会议达成共识。无论谁陪伴孩子，都要按照计划和目标去实施，做到要求一致。每当孩子达成一个小目标时，家长都要及时认可和鼓励孩子，让孩子获得成功的体验。这样，他才有动力去实现下一个小目标。

五是给孩子安全感。孩子的安全感来自家长的接纳，家长既要看到孩子好的一面，也要接纳孩子不好的一面，并给予孩子必要的支持。

家庭氛围宽松民主，孩子即使犯了错，也能被家长理解和接纳。这样，孩子就会有安全感。在自由、快乐的状态下，孩子爱眨眼睛或耸肩等现象就会得到缓解，并慢慢消失。

第五章 建立积极的家校伙伴关系

家庭和学校是重要的合作伙伴。家长要主动配合学校的教育，和学校形成一致的教育价值追求，这样才能实现教育效果最大化。

了解学校的渠道有哪些

一年级孩子刚刚入学，处于适应与磨合阶段，需要家庭和学校密切配合，明确各自的教育责任，共同帮助孩子适应学校生活。

家长要主动了解学校。了解学校的渠道很多，可以通过学校微信公众号、学校官网、家长手册、入学手册、班级微信群、朋友圈等了解学校的教育理念、日常管理、教育教学活动等。家长一定要抽出时间去了解学校，以便和学校形成共同的教育价值追求，及时调整和完善自己对孩子的教育规划。

为了增进家校合作，中关村第三小学完善学校现代治理体系，组建班级、班组群、校中校、学校四级家校委员会（根据学校的不同组织形态，也可能是班级、年级、校级三级家校委员会）参与学校治理。

学校的发展，离不开家长的“赋能”，“家长志工团”是中关村第三小学一道亮丽的风景线。家长志工参与学校安全疏导、安全巡查、选修课、工匠坊课程、项目招标、资料翻译、校园文化建设、实践活动设计等方方面面的工作，为师生的教与学服务。

学校每学期组织家长会、家长开放日、家长沟通会、校园观摩等活动，并构建了家长课程体系；通过家长论坛、家长沙龙、家长讲座、家长工作坊等不同形式，将家长们关心的话题变成生动的课程，由家长和老师共同研讨，形成方案，以“家话”的形式发布在中关村第三小学微信公众号上，引导更多家长思考教育。

学校这样做，就是希望家长更了解学校，深度参与到孩子的教育中。

家长深入了解学校生活后，对一些社会热点问题就会有自己的评判，就会减少对学校的猜测，缓解焦虑，更加平和地面对孩子，更加科学地规划孩子的成长。家长主动了解学校，还会让孩子感觉到家长的支持和关注，增加孩子的安全感，让家长和孩子有更多共同语言。

如果遇到问题，家长可以通过班主任、学校预留的值班电话、学校相关领导、家长沟通会等渠道，向学校反映情况，提出合理的建议。

与老师有效沟通

教育孩子是一项复杂的工作。很多家长都是第一次做父母，对孩子的成长有很多疑问，非常期待与老师沟通。但是一些家长反映，与老师的沟通存在一些问题。

有一位家长反映：“我想跟老师了解一下孩子在学校里的情况，可是每次给老师打电话，都感觉老师特别忙，我也就不好意思打扰了。”我问家长：“您是按照孩子的作息时间表，在老师没课的时间打的电话吗？”家长不好意思地说：“那我还真没有注意，以后我要提前做好准备。”

还有一位家长反映：“我每次跟老师沟通，老师都说孩子挺不错的。可是，我看到孩子身上有很多问题，老师都不说，是不是根本就没有关注过我家孩子呀？”我马上问道：“您是怎样跟老师沟通的？”家长说：“我每天放学时都会问问老师：‘我家孩子怎么样啊？’”相信这样与老师沟通的家长不在少数，这样的问题老师确实不好回答。因为家长的问题不聚焦，没有指向性，老师只能就孩子的日常表现宽泛地评价一下。

其实，老师没主动与家长沟通就是好消息，说明孩子不存在大的问题。孩子在学校里出现一般的问题，老师会与孩子沟通解决，只有出现严重的问题，需要家长参与，老师才会主动与家长联系。因此，家长不用过分焦虑和担心。

家长平时可以多关注孩子的文具和课本等。如果这些都完好无损，就说明孩子听讲是比较认真的；如果橡皮被切得七零八落，作业本和课本上有乱画的痕迹，就可以让孩子讲一讲课堂上学习的知识，因为孩子可能在课堂上“开小差”了。家长也要关注孩子的练习册，如果错题太多，就要在适当的时候与老师沟通了。

与老师沟通的方式很多，如面对面沟通、微信沟通、电话沟通等，家长可以依据需要使用不同的沟通方式。为了让沟通达到预期效果，沟通前家长要做好准备。

如果家长只是想了解孩子在学校里的情况，可以先通过班级微信群、孩子的作业本及课本等获取信息。然后，有针对性地设计几个问题，例如，孩子上课时是否提过问，与同学是否相处融洽，经常和哪些同学一起玩，喜欢为班级做哪些服务，等等。最后，在合适的时间，通过微信或电话和老师沟通。

如果想赢得老师的合作，解决孩子存在的问题，培养孩子的习惯，或提升孩子的能力，家长尤其要做好准备工作，和老师进行有效沟通。

首先，你看到孩子存在的问题，尝试使用了什么教育方法，孩子哪些方面有了改变，哪些是孩子一直改变不了的，你需要老师提供什么帮助等，这些至少要持续记录两周。

其次，与老师约定沟通时间。可以先看孩子的作息时间表，在老师没课的时间，用微信与老师约定沟通时间，最好面对面沟通。老师可能不会立刻回复，家长要耐心等待，如果等待时间比较长，可以再提示一下老师。因为老师除了上课，还要批改作业、一对一辅导、做教研、处理班级日常事务、备课等。一般来说，老师都是非常愿意与家长沟通的，只是需要协调好自己的时间。

最后，在与老师沟通的过程中，家长要耐心倾听老师讲述孩子在学校里的情况，再客观地描述你记录和了解的情况，然后与老师一起讨论，共同寻求最佳解决方案。这样才会真正帮到孩子。

家长与老师沟通十分必要。如果家长能与老师建立长期、有效的沟通，对孩子的健康成长将是非常有帮助的。

合作解决孩子间的矛盾

在学校里，孩子之间难免会发生矛盾。家长应该与老师合作解决孩子之间的矛盾。先来看一个案例。

路路和青青在班里发生了一些小摩擦，没有向老师反映。在回家路上，路路的妈妈听到孩子描述后，没有核实情况，就认为孩子受了委屈，在班级微信群里直接对青青的家长说："你家孩子有人生，没人管吗？欺负人也不出来道声歉！"

青青的妈妈不知所以，青青正在参加课后服务，还没有回家，于是在班级微信群里回复路路的妈妈："不管孩子做了什么，我先和您道声歉，等孩子回来再了解情况，我们会教育孩子的。"然后赶紧给老师打电话了解情况。

老师经过了解才知道，路路把青青的水杯碰到地上，水杯摔了个坑，青青要求路路赔，路路说青青的水杯差点儿把他绊倒了，两个人争执不下。路路在回家路上怕妈妈训斥他，便向妈妈哭诉："青青的水杯自己掉到地上，差点儿把我绊倒了。他还让我赔他水杯，我没同意，他就要打我……"第二天，老师在班里解决了这个问题，但是路路妈妈的做法引起了家长们的反感，青青妈妈也强烈要求路路妈妈在班级微信群里道歉。

路路妈妈的做法明显不妥，既简单粗暴，也没有向老师了解具体情况，导致孩子之间的小摩擦升级。如果孩子在学校里与同学发生了小摩擦，建议家长这样处理。

首先，与孩子沟通，让孩子讲述事情的经过，鼓励孩子自己解决问题。

其次，与老师沟通，了解事情的全貌。事情是在学校里发生的，老师应该知道真实情况，家长了解后就能知道孩子的问题所在，便于教育孩子。

最后，倾听老师的建议，与老师合作解决孩子间的矛盾。

孩子之间的矛盾可能会导致伤害行为的发生，这时更需要家长与老师合作解决。

五年级安排了一次练笔"保护鸡蛋"。每个孩子带一个鸡蛋到学校来，并想办法保护它，然后完好无损地把它带回家，再完成一篇习作"保护鸡蛋"。孩子们把鸡蛋保护得非常好。放学后，冬冬和明明做值日。一不小心，冬冬的笤帚扫到了明明的脚，明明开始抱怨冬冬。冬冬的表达能力稍弱，听着明明的抱怨，一气之下拿起鸡蛋就打明明，正巧打在明明的眼睛上，搞得明明满脸都是鸡蛋液。明明到卫生间稍微处理，就准备回家，在校门口看到妈妈，委屈地哭了起来。妈妈看到明明狼狈的样子心疼不已，马上进学校找班主任。

班主任先带着明明去医院，然后请冬冬的妈妈也赶到医院陪明明看眼睛。

医生说明明的眼睛没有大问题，只需要继续观察。

明明的妈妈很生气，因为在明明看眼睛的过程中，冬冬的妈妈不仅没有道歉，还帮着孩子推脱责任，认为明明抱怨在先，以前就听冬冬说过明明喜欢抱怨别人，早就对他不满了。

明明的妈妈认为这样的妈妈教育不出好孩子，要求冬冬离开这个班，不想再看到冬冬和他的妈妈。

家长的做法给老师解决问题造成了意想不到的困难。后来，班主任单独跟冬冬的妈妈进行了深入交流。

班主任用了近一个月的时间才让这件事平息。两个孩子慢慢恢复了交往，但是家长之间留下了隔阂。

在以上案例中，冬冬妈妈的不当做法激化了矛盾。

那么，孩子在学校里伤害了别人，家长应该怎么做呢？应立即联系老师，听听老师的建议，与老师一起妥善解决问题。

首先，让孩子学会主动承担责任。家长要教育孩子，伤害到别人时，首先要真诚地道歉。家长可以和老师一起带着受伤的孩子就医。回家后，要把就医过程详细地讲给孩子听，让孩子学会主动承担责任。

其次，让孩子学会换位思考。让孩子想一想，如果受伤的是他，他会有什么感受。让孩子向受伤的孩子承认错误，并在学校里照顾他。家长也可以与孩子商议，用孩子的零花钱买一些小礼物去探望受伤的同学，表达自己的心意，为解决问题做出努力。

最后，和孩子有效沟通，帮助孩子分析自己存在什么问题，需要做出哪些改变，以后遇到类似的情况应该怎样做。还可以让孩子主动邀请对方一起吃饭或者做游戏，帮助孩子们冰释前嫌。

孩子就是在解决一个一个问题的过程中不断成长的。家长解决问题的方式会对孩子产生重要影响。因此，家长要起到引领作用，帮助孩子积累与人交往的经验，学会化解矛盾，为将来走上社会解决各种各样的问题做好准备。

正确使用班级微信群

孩子入学后，家长们都会加入班级微信群。家长要正确使用班级微信群，否则，可能就会引发家长之间、家校之间的矛盾。

组建班级微信群后，群主往往会发布班级微信群公约，家长要严格遵守公约。比如，中关村第三小学的老师和家长经过深入讨论，制定了班级微信群公约，对班级微信群的使用做了详细的规定。

①班级微信群的建立是为了方便家校协作，构建文明、积极、和谐的班级氛围，助力学生的长远发展。

②群主在群公告中发布微信群管理公约并负责管理。如有家长违反约定，群主私下沟通，提醒其遵守公约。

③家长以学生姓名实名制入群，学生和非直系亲属不进群（如有特殊情况，和群主沟通）。

④微信群以任课教师发布通知、学生活动、方法及习惯指导为主。家长可以辅助交流教育政策信息，推荐教育资源，分享成长故事，交流疾病预防信息等。为了不让重要信息被漏看，老师发布班级信息和通知后，除特别说明外，群成员不用空泛回复或善意点赞。

⑤微信群中禁止出现推销类、投票类信息，政治敏感、宗教色彩浓郁的信息，未经证实的信息，负能量的信息，涉

及隐私的信息，涉及金钱的信息，不文明行为及用语等。

⑥学生在日常生活中发生矛盾，当事人私下解决，不在微信群里沟通，群主应起到提醒作用。

⑦重要信息在晚上 7 点前发布，晚上 9 点以后不再发布信息（紧急情况除外）。

家长要认真阅读、严格遵守班级微信群公约，不说与班级无关的事情，不发不宜公开的内容，注意礼仪等。除此之外，家长要及时查看班级微信群里的信息，真诚对待每一个群成员。每位家长都要正确使用班级微信群，使其成为家校高效沟通的平台。

“我的孩子被老师贴上了‘标签’”

有的老师会这样评价孩子：毛毛太粗心；冬冬毛手毛脚；亮亮有些多动，一会儿都静不下来；华华爱动手打人……对这样的评价，有些家长会认为是老师在给自己的孩子贴“标签”。

在一次家长沙龙的互动环节，一位妈妈欲言又止，我请她发言。这位妈妈说：“我的孩子被老师贴上了‘标签’，该怎么办？”

经过与班主任和家长的深入沟通，我们了解到，这个孩子上二年级，在学校里几乎不与人交流；同学们一挨近他，他就找地方躲起来；他比较怕音乐声，每次学校做课间操、举行开学典礼等大型活动时，只要一听到音乐，他就会找地方躲起来；他不上音乐课，听到钢琴声也会躲起来……

老师和家长都为此而苦恼。老师找不到孩子，经常请家长过来帮忙一起找。但这不是长久之计，治标不治本。

后来老师试图寻找孩子这些行为背后的原因，于是，上网查找资料，阅读相关书籍。老师认为，从孩子的表现来看，他可能有“抑郁倾向”。老师建议家长带孩子去医院检查，以便更好地帮助孩子。但是家长不能接受，认为孩子的这些行为会随着年龄的增长而消失。老师为了说服家长，就送给家长一本书，让家长了解有关抑郁症的知识。家长觉得非常不舒服，认为老师是在给孩子贴“抑郁症”的标签，影响孩子在学校的正常生活。

了解了前因后果，我们跟家长进行了深入沟通，告诉家长以下几点。

（1）目前需要解决的问题，是让孩子能够正常上课，正常参与学校的活动，正常与同学交往。

（2）老师曾经帮孩子交朋友，孩子拒绝了。孩子一听到音乐就躲起来，找到孩子后需要有人陪着他，以避免出现安全问题。

（3）家长要正视孩子的问题，可以带孩子到医院或专业机构去检查。家长与老师一起帮助孩子，孩子也许会有所改变。

家长接受了我们的建议，带孩子去医院做了检查。经诊断，孩子确实有抑郁倾向。在医生的建议下，老师和家长一起制定了具体措施帮助孩子，孩子的行为慢慢有所好转。

家长要正视孩子存在的问题，与老师深入交流，找到切实有效的方法帮助孩子，这才是真正对孩子负责。

嘲笑与被嘲笑

有的孩子喜欢嘲笑别人，有的孩子常常被别人嘲笑，无论哪种情况，家长都要引起重视。

案例一：琪琪是一名二年级的男生，同学们经常告状说他总是用手抓人。原来，琪琪从小阅读量很大，比同龄孩子视野开阔，知识储备多，经常受到亲朋好友的表扬。上学后，在课堂上，他积极回答问题，总是给老师惊喜，经常受到老师的赞扬，于是他非常喜欢在课堂上表现自己。老师每次提问，琪琪都积极举手，如果老师没有叫到他，他就会情绪失控，大吼大叫，甚至摔东西。有些同学看到琪琪的异常举动就笑了，琪琪认为这是在“嘲笑”他，于是开始用手抓人，以制止同学们的“嘲笑”。

案例二：静静是一名四年级的女生，最近总是不愿意去上学，每天还嚷嚷着要减肥。经过深入了解家长发现，有时有同学会往她的书包里塞小纸条，上面写着类似“小胖猪，跑不快……”的话语；在体育课上跑步时，没有人愿意和她一组，同学们抱怨她给小组拖后腿。静静自尊心很强，不愿意把这些事告诉老师和家长。

那么，如何防止孩子被别人嘲笑？结合《如何培养孩子的社交商》一书“防止嘲笑的行为”中“可以做”和“不能做”清单，以及我的一些思考，提供如下建议：

¤养成良好的卫生习惯和行为习惯。

¤不嘲笑别人，不刺激别人。

¤不打断别人说话，不吹嘘。

¤不做不雅观的行为。

¤被嘲笑时保持冷静，不反应过激或者当着别人的面哭。

¤直视别人的眼睛，坚定地告诉对方你的感受。

¤尊重自己，别人才会尊重你。

¤与有共同语言的同学一起玩。

…………

家长平时要重视这方面的教育，防止孩子被别人嘲笑。万一孩子被嘲笑了，家长要和孩子好好沟通，帮助孩子学会应对。

（1）模拟情景，应对别人的嘲笑。家长可以和孩子玩嘲笑和被嘲笑的游戏，帮助孩子学会应对别人的嘲笑。例如，面对别人的嘲笑，直接走开或一笑了之；问一个不相干的问题，然后走开；大声告诉对方你此时的感受；用一些幽默的话语反击对方；等等。

（2）帮助孩子区分善意的玩笑和嘲笑。很多孩子起初可能并不是嘲笑别人，只是善意地开玩笑，家长要帮助孩子学会区分，以免把开玩笑当成嘲笑。

（3）与孩子一起梳理可能会被嘲笑的语言和行为，帮助孩子学会用不同的方式去应对。

（4）寻求老师的帮助。必要时，家长可以与老师沟通孩子被嘲笑的事，并告诉老师自己为孩子提供的引导和帮助，和老师共同帮助孩子面对他人的嘲笑。

如果孩子喜欢嘲笑别人，家长要帮助孩子正视问题，改变这种不良行为。

（1）让孩子扮演被嘲笑者，自己扮演嘲笑者，用他曾经嘲笑别人的话语去“嘲笑”他，然后让孩子谈感受，帮助孩子学会换位思考。

（2）教育孩子把握开玩笑的尺度。例如，要让对方知道你是在开玩笑；观察对方的反应，如果发现对方不开心或者脸色不好等，要马上停止开玩笑，并真诚地向对方道歉，说出你这样做的初衷；不拿别人的缺点或者弱点开玩笑，能够区分什么是玩笑、什么是嘲笑。

（3）让孩子学会尊重和接纳与自己性格不同的同学。有的孩子会用言语或者行为去嘲笑自己不喜欢的同学。家长要有意识地多带孩子与不同类型的孩子接触，引导孩子发现别人的优点和长处，让孩子知道每个人都是独特的，由这一个个独特的人组成了丰富多彩的世界，从而学会接纳别人。

（4）家长要做好示范。家长在孩子面前不要嘲笑别人，而要尽可能地欣赏家人、同事。孩子耳濡目染，就不会去嘲笑别人。

不管是孩子被嘲笑，还是孩子嘲笑别人，家长都要给予正确引导。

孩子被“孤立”了，怎么办

一次，一位家长向学校学生部反映，他的孩子在学校里被“孤立”了，没有人和她玩，孩子特别孤独。

这是一个五年级的女孩。她的爸爸跟我说：“孩子在班里已经待不下去了，她与老师简直水火不容。孩子写好的作文被老师撕了。孩子们站队时聊天，老师只批评她。老师还让同学们离她远一点儿，造成孩子现在没有朋友。同学的东西找不到了，老师说是我家孩子拿的。课上回答问题时，我家孩子举手，老师也不叫她。孩子每天回家后都跟我们哭闹，我和她妈妈都筋疲力尽了。”

家长反映情况后，我们开始关注这个女孩。通过对女孩进行观察，与任课老师、班主任、家长进行深入沟通，我们了解到了相关情况。

这个女孩有些内向，比较敏感，如果老师课上没叫她发言或者表扬名单中没有她，她就会不满意，有时会把文具盒用力摔在桌子上，有时会把被表扬同学的作业本拿过来挑错。

同学们对她有意见，老师了解她的个性，就跟同学们说“先不要围着她，让她冷静一下”，然后找机会与她沟通。她认为老师这是不让同学与自己交朋友，感觉自己被忽视了。

孩子们站队时聊天，老师批评他们，其他孩子立刻就按要求去做，这个女孩则会用不屑一顾的眼神看着老师，坚持自己的行为。

一次小练笔——“让心中的不快远离我”，孩子们把心中的不快写出来，然后像“晴雯撕扇”一样把不快撕掉，意为让不快远离自己。可这个女孩不认可这样的行为，她认为这样做太幼稚，于是回家跟家长说老师把自己的作文撕掉了。

与家长沟通后，我们发现家长学历高，但是工作比较忙，在有限的陪伴时间里，以辅导孩子学习为主，很少与孩子聊天，陪伴孩子最多的是家里的阿姨。

这个女孩从小表现出较强的记忆力，家长教她古诗，她很快就能记住，经常获得家人的赞赏。

孩子上三年级时，妈妈给她报了四门校外课程，孩子比较排斥，几次表达过不想上，还通过闹脾气来抗拒，但是家长没有尊重孩子的意见，还是坚持让孩子去学习。

孩子的表现距离家长的预期比较远，于是家长经常指责孩子。为了逃避指责，孩子经常把责任推到别人身上，要么说老师对她不好，要么说没有朋友，等等。

每天晚上，孩子觉得家长安排的学习任务过多，或者感觉家长要批评自己的时候，就开始哭闹。妈妈既生气又心疼，经常无助地抱着她入睡。女孩骗过了妈妈，于是，经常找一些理由来达到自己的目的。

家长与班主任缺少沟通，甚至戴着“有色眼镜”观察班主任的教育行为，认为班主任处处针对、孤立自己的孩子，开始挑剔班主任的工作。双方曾就孩子的问题沟通过，但家长总是希望班主任承认自己在教育孩子上有过失，需要改正；班主任则很迷茫，认为这些是正常的教育行为，却得不到家长的理解。

我建议这个女孩的家长做以下尝试。

1. 尊重孩子的意见

很多家长希望为孩子规划好未来，让孩子少走弯路，但是家长要考虑这样的规划是否适合孩子，是否遵循孩子的成长规律，孩子是否接受，是否愿意按照家长规划的路径去发展。有的家长比较强势，要求孩子按照自己规划的道路走，孩子带着情绪被动接受，经常造成亲子关系紧张。而家长则感觉很委屈，认为自己付出了很多。其实家长应尊重孩子的意见，先倾听孩子对自己的规划，然后提出建议，帮助孩子完善规划，为孩子实现目标提供支持和帮助。这种方式最容易赢得孩子的合作。

2. 倾听孩子的心声

家长要多陪伴孩子，倾听孩子的心声。有的时候，孩子只是需要一个倾听者，家长无须做什么。有的时候，孩子遇到困难向家长求助，家长需要耐心倾听，然后问问孩子需要家长做什么。家长不要大包大揽，更不要替孩子出头，而要培养孩子自己解决问题的能力。有的时候，孩子需要一个为他喝彩的人，家长要不吝赞美之词，肯定孩子的努力。有的时候，孩子只是想跟家长吐吐槽，说一说班级、同学、老师，家长适当发表自己的观点就好，不要全盘否定孩子，否则就会堵塞孩子与你的沟通渠道。

3. 及时与老师或者学校沟通

家长发现孩子与老师产生隔阂的时候，不要急躁，而要静下心来分析问题产生的原因。有的家长担心老师对孩子不好，不与老师沟通，而是猜测老师的一些做法或者想法，甚至收集证据。这会让师生关系、家校关系变得紧张起来，不利于孩子成长。家长遇到问题时应及时与老师或者学校沟通。沟通时要注意以下两点。

一是把自己看到的孩子的情况记录下来，包括孩子的优点、存在的问题和他对老师教育的态度等，同时要想清楚需要老师提供什么帮助。

二是理解和尊重老师。在沟通的时候，家长不要指责老师和推卸责任，而要耐心倾听老师讲述孩子在学校里的情况，理解老师的教育初衷；然后共同分析孩子出现问题的原因，家庭和学校应如何为孩子提供帮助，并分别制定学校和家庭的帮助措施。家长和老师每周交流一次，以完善帮助措施，共同助力孩子成长。

如果孩子确实不能接受老师的教育方式，家长可以在彼此尊重、信任的基础上，向老师提出建议：希望老师选择孩子能够接受的方式进行教育。老师一般会听取建议，做出改变，因为老师总是希望自己教的孩子健康成长，成为对社会有用的人。如果与老师沟通不畅，家长也不用焦虑，可以与年级组长或者校区执行校长进行沟通，学校会用自己的方式去指导老师的工作。总之，学校与家长是最好的教育伙伴，为了孩子的健康成长，要建立良好的合作关系。

4. 帮助孩子加入团队

如果孩子感到被“孤立”了，家长应帮助孩子加入学生团队。

家长可以建议孩子先观察自己想加入的团队，观察他们在做什么，倾听他们在聊什么，然后找到加入的办法。凯西·柯恩在《如何培养孩子的社交商》一书中，建议孩子加入有公平游戏规则、能安全玩耍、机会均等、友好的团队，不要加入玩危险游戏、没有合作、经常打架、排斥想加入的新同学的团队。可以引导孩子预先想好要说的话。比如："你们的游戏太有意思了，我能和你们一起玩吗？"还可以和孩子模拟情景，帮助孩子积累交往经验。

被"孤立"可能只是孩子自己的感觉。这样的孩子往往比较敏感，家长要多与孩子沟通，关注孩子的心理，引导孩子正确对待自己的感受，把孩子从认识误区解救出来，让其逐渐变得阳光自信起来。

怎样奖惩更有效

合理的奖惩能调动孩子做事的积极性，帮助孩子养成良好的习惯，培养孩子明辨是非的能力，是一种有效的教育方式。

家长们经常对孩子实施奖惩，有的效果明显，有的则会适得其反。

宝宝赶紧吃饭，吃完饭给你买冰激凌。

宝宝去刷牙，刷完牙给你买玩具。

这两种是讨好许诺式的奖励，短期看有效，但是不利于孩子的长远发展。孩子每做一件事都要获得物质奖励，慢慢地就会养成跟家长谈条件的习惯。

你再不听话，就把你送到学校去，有老师管你。

今天作业写不完就别吃饭。

这两种是威胁恐吓式的惩罚，家长基本都是在发泄自己的情绪，很少能够兑现。久而久之，孩子就不再相信家长的话。

家长要从孩子的长远发展思考，对孩子实施有效的奖惩。可以从培养能力、激发兴趣、养成良好的习惯等方面入手，让奖惩变得有意义并且有意思。还可以与孩子一起商量奖惩方式。例如，可以采取以下几种奖励方式。

自主选择类：比如“时间银行”，可以把孩子完成任务时节约下来的时间存起来，周末由孩子自主安排。

创造机会类：比如，与家长一起制作一顿美食，与家长一起制作玩具，吃一次垂涎已久的大餐，父母陪同游玩一次，等等。

享受权利类：比如，举办一次无父母参加的伙伴聚会，选一篇短文让父母背诵，父母给孩子写一篇不少于 1500 字的赞美信，等等。

物质奖励类：比如，现金奖励，超市 30 秒随意购，等等。

家长应及时和老师沟通，了解学校的评价方式。每所学校都有自己的评价方式，每位老师也有自己的特色做法，比如，有的老师会采用积分制评价，有的老师会采用进阶式评价。家长可以结合学校的评价方式，设计适合孩子的奖惩方式，这样能够更好地发挥其正向作用。

落选之后

很多孩子入学后会参加班干部、大队委员竞选，十佳少先队员、红领巾奖章、三好学生评选等，如果孩子落选，家长该如何引导呢？

有的家长对孩子期望比较高，目的性也比较强，过于在意得与失。家长的态度往往会让孩子感受到压力，认为只有竞选、评选成功，才能证明自己优秀。

这些孩子本着势在必得的心理，往往投机取巧，家长也给予支持。为了赢得选票，有的孩子每次竞选或者评选前，会给班里每个同学买小礼物；有的孩子在同学群里拉选票，并承诺谁给自己投票就给谁发红包；等等。这无形中会弱化孩子自身的努力，使得他们将成功寄托在这些投机行为上，给自己埋下失利的隐患，还易遭人诟病，从而造成心理负担。

孩子落选后，有的家长会指责、训斥孩子不够努力，甚至将别的孩子的长处与自己孩子的短处做比较。例如："你看小军（成功入选的同学）每天自己主动写作业，根本不用妈妈操心。我天天陪着你写作业，慢就慢吧，还错那么多！为了你，我把工作都辞掉了，你对得起我对你的付出吗？"家长的训斥往往会使孩子的自尊心受到伤害，让孩子失去自信和继续努力的动力。

有的家长会让孩子讲述评选过程的每个细节，不信任老师和同学，抱怨别人对自己的孩子不够好。家长的这些言行会让孩子变得敏感、挑剔、推卸责任、习惯抱怨别人，而不是寻找自身的差距。

有一些家长则把竞选、评选看作帮助孩子成长的契机。如果孩子成功了，他们会帮助孩子总结成功的经验。如果孩子失利了，他们会正面引导孩子：无论是竞选还是评选，名额都有限，落选并不代表你不优秀；人生的路很长，这只是你人生路上的一个小小的节点。然后引导孩子寻找差距，制定阶段性目标，争取在下次竞选或评选中获得成功。

家长的正确引导，会让孩子慢慢懂得“不以物喜，不以己悲”，以积极的心态面对挫折，拥有自信，内心变得强大起来。

让孩子爱上学校

古人云，“亲其师，信其道；尊其师，奉其教”。孩子如果喜欢学校，喜欢老师，往往就会喜欢学习。

那么，如何让孩子爱上学校呢？除了学校要打造让孩子有期待的校园生活，老师要用自己的魅力去影响孩子外，家长还要正确引导孩子。

每天回家后，孩子一般会讲述一些关于学校、老师和同学的事情，家长的引导会影响孩子对学校、对老师的印象，甚至会影响孩子的学习态度。

例如，孩子回家后兴致勃勃地跟家长聊学校里发生的事情：“妈妈，今天我忘记带水杯了。我本来想让老师给您打电话把水杯送来，可老师说：‘你已经是小学生了，要学会自我管理，自己收拾物品，不能再让家长送东西了。老师为你准备了一次性水杯，你先用着吧。’说着还摸了摸我的头。我用一次性水杯喝了一天水。”

一位家长是这样引导的。

妈妈：哦，老师这么关心你，还给了你一次性水杯，你谢谢老师了吗？

孩子：谢谢老师了，我觉得老师特别喜欢我，她还摸了我的头。

妈妈：我也觉得老师特别喜欢我的宝贝。听老师的话，以后一定要整理好自己的物品。学校的规定妈妈觉得特别有道理。

这位妈妈的恰当引导，能让孩子学会敬畏规则，学会感恩。这样，孩子会更亲近老师，更喜欢学校，更爱学习。

再看另一位家长是如何引导的。

妈妈：啊，我的宝贝用一次性杯子喝了一天水，多不健康！学校这是什么规定，还不让家长送东西，老师也真是的，是不是不喜欢你呀！难道别的孩子忘带东西，也不允许家长送吗？

孩子：我觉得老师挺喜欢我的，她还摸了我的头呢？

妈妈：老师经常跟我告状呢！说你学习跟不上，还会喜欢你？

家长这样引导，孩子就会质疑老师，更谈不上尊重老师了。如果孩子带着挑剔的眼光去观察老师、审视学校，就会影响他对老师和学校的信任。这样，他可能就会变得敏感、不自信，就会无视学校的规则，忽视老师布置的学习任务等。久而久之，就会影响孩子的学习态度，影响孩子的健康成长。

平时，家长应多关注学校的微信公众号、班级微信群，对学校和班级的活动给予积极评价。如果活动需要提前排练，要给予孩子支持和帮助。活动结束后，可以这样对孩子说：“这些活动太有意思了，爸爸妈妈小时候都没有参加过，快跟爸爸妈妈讲一讲。”孩子在讲述时，家长要认真倾听，关注孩子参加活动的感受，肯定孩子为此付出的努力。

在班级微信群看到老师发的信息，家长也要给予孩子正确引导。例如：“刘老师太贴心了，多为你们着想啊！明天要降温，她提醒你们及时添加衣服。”“刘老师在班级微信群里表扬你们呢，你们班的每个孩子都在老师心里，她能看到每个孩子的进步！”“刘老师在招募小小志愿者呢！你要报名参加吗？我就知道，我们家宝贝愿意为班级和小朋友服务……”

家长对老师和学校的信任会对孩子产生重要影响。家长一定要信任老师和学校，给予孩子正确引导，让孩子爱上学校，进而爱上学习。

后　记

完成这本书时，是我从教的第 30 年！

我做了 23 年班主任、7 年学生部主任，每天面对的都是成长中的孩子及家长。

这些年，我收获了无数故事，也积累了很多案例。每天，我都会把这些故事和案例记录下来。

为了帮助孩子，我经常与任课老师一起去家访，了解家长的教育理念和教育方法，引导家长形成正确的儿童观、学习观、教育观、成长观，指导家长科学育儿。

为了给家长提供有针对性的指导，我们建立了家校联系卡，分别在学校和家庭记录孩子的行为表现，并用统一的评价方式来评价孩子的行为，以指导家长的育儿行动。

我经常与孩子和家长交流，并总结了“沟通十步法”等沟通策略，在实践中取得了不错的效果。

做家长是需要学习的。我真心希望把这些年积累下来的案例、自己的点滴思考和具体做法，分享给家长朋友们，降低家长在育儿路上的试错成本，帮助家长培养出受欢迎、有能力、有担当的孩子。

恰巧，源创图书给了我这个机会，特别感谢这个团队指导和陪伴我一起打磨书稿。

感谢中关村第三小学，这里是我工作的地方，是我成长的沃土，也是我深深爱着的地方。

书中的很多做法都是我和我的团队共同研究的成果，是大家智慧的结晶。

图书在版编目（CIP）数据

家长，请别慌 / 万霞著 . -- 北京：中国人民大学出版社，2022.9

ISBN 978－7－300－30963－7

Ⅰ. ① 家…　Ⅱ. ① 万…　Ⅲ. ① 小学生—家庭教育　Ⅳ. ① G78

中国版本图书馆 CIP 数据核字（2022）第 158766 号

家长，请别慌

万　霞　著

Jiazhang, Qing Bie Huang

出版发行	中国人民大学出版社		
社　　址	北京中关村大街 31 号	**邮政编码**	100080
电　　话	010－62511242（总编室）		010－62511770（质管部）
	010－82501766（邮购部）		010－62514148（门市部）
	010－62515195（发行公司）		010－62515275（盗版举报）
网　　址	http://www.crup.com.cn		
经　　销	新华书店		
印　　刷	北京华宇信诺印刷有限公司		
规　　格	168 mm × 239 mm　16 开本	**版　　次**	2022 年 9 月第 1 版
印　　张	11.5　插页 1	**印　　次**	2022 年 9 月第 1 次印刷
字　　数	140 000	**定　　价**	49.80 元